高等教育国际化研究

韩扬溪 著

北京工业大学出版社

图书在版编目（CIP）数据

高等教育国际化研究 / 韩扬溪著．— 北京：北京工业大学出版社，2025.7重印
　ISBN 978-7-5639-6354-6

Ⅰ．①高… Ⅱ．①韩… Ⅲ．①高等教育－国际化－研究 Ⅳ．① G648.9

中国版本图书馆CIP数据核字（2018）第 155970 号

高等教育国际化研究

著　　者：韩扬溪
责任编辑：郭志霄
封面设计：点墨轩阁
出版发行：北京工业大学出版社
　　　　　　（北京市朝阳区平乐园 100 号　邮编：100124）
　　　　　　010-67391722（传真）　　bgdcbs@sina.com
经销单位：全国各地新华书店
承印单位：三河市元兴印务有限公司
开　　本：787 毫米 ×1092 毫米　1/16
印　　张：11
字　　数：200 千字
版　　次：2021 年 10 月第 1 版
印　　次：2025 年 7 月第 4 次印刷
标准书号：ISBN 978-7-5639-6354-6
定　　价：38.00 元

版权所有　　翻印必究

（如发现印装质量问题，请寄本社发行部调换 010-67391106）

前 言

高等教育国际化是当今世界教育发展的重要特征和主要趋势，是经济全球化对教育提出的客观要求，也是高等教育自身发展的需要。高等教育国际化要求在人才培养目标的确定、教育内容的选择及教育手段和方法的采用等方面不仅要满足本土化的需要，而且要适应经济全球化的需要。改革开放之后，我国社会各项事业步入正轨，取得大发展，我国高等教育国际化事业，无论是从全国范围来看，还是从个别地区来看，都蒸蒸日上，呈现出一片繁荣的景象。但在繁荣的现实中，也暴露了发展中的一些问题，这些问题正日益成为我国高等教育国际化事业继续发展的阻力。对此，我国的专家学者都纷纷予以研究和反思，并提出相应的解决策略和建议。在未来高等教育国际化发展中，我国需在总结、提升改革开放以来的有益经验的基础上，理顺高等教育国际化进程中国际化与民族化的关系，坚持用多元化、复合型的动力推动高等教育国际化的发展，完善相关法律、政策等保障机制，拓宽高等教育国际化的实现路径，探寻一条中国特色的高等教育国际化之路，从而使我国的高等教育国际化事业获得健康、可持续的发展。当今高等教育的国际化可谓是高等教育传统的回归和超越。在世界经济全球化的影响下，中国的高等教育国际化已经成为高等教育领域改革的重点工作。在我国高等教育国际化事业发展的国家战略层面，应坚持效率优先的原则，可大力支持、推动国际化程度高、高等教育事业发达的城市率先加快发展，发挥以点带面的效应，从而促进我国高等教育国际化事业的全面蓬勃发展。本书从理论意义出发，确立了高等教育国际化的参照标准，为教育主管部门提供相关理论依据，为地方高校的国际化评估提供理论参照体系。同时，本书也从实际意义出发，通讨研究获得的相关数据，提出在高等教育国际化进程中可供高校领导及教育主管部门制定我国高等教育国际化实施步骤及要求的建议，这对于具体政策的制定和政策执行效果的评估有着重要的意义。

本书以当代高等教育国际化为研究背景，梳理了国内外高等教育研究成果，对比总结了美国、澳大利亚、日本、马来西亚以及芬兰高等教育国际化发展特征及趋势；通过系统回顾中国高等教育发展历程，指出了我国高等教育国际化面临的主要问题，重点分析了我国高等教育国际化进程中存在的诸多困难并提出针对性的解决对策；运用对比、归纳、定量与定性相结合等分析方法，着重研究了我国高等教育国际化发展的具体思路，提出了高等教育国际化发展的模式创新，对我国高等教育国际化发展的模式进行了详细解读；主要从课程建设、学生培养、学者交流以及教材创新等方面重点介绍高等教育国际化实施策略和措施，在此基础上，提出我国高等教育国际化发展的合理形式，构建了我国高等教育国际化的发展战略。

本书共六个章节，第一章为高等教育国际化概述，第二章分析了高等教育国际化的背景及趋势，第三章分析了高等教育国际化发展的内容，第四章对国外高等教育国际化发展进行了探索与分析，第五章分析了我国区域高等教育国际化的发展现状与对策，第六章分析了我国高等教育国际化发展的挑战与对策。

由于笔者水平有限，加之时间紧迫，书中难免有不足之处，恳请各位读者不吝赐教，批评指正。

著　者

2018 年 5 月

目 录

第一章 高等教育国际化概述 1
- 第一节 高等教育国际化的内涵与特征 1
- 第二节 高等教育国际化的构成要素 9
- 第三节 高等教育国际化的发展历程 14
- 第四节 我国高等教育国际化的历史沿革 21

第二章 高等教育国际化的背景及趋势 32
- 第一节 高等教育国际化的背景分析 32
- 第二节 高等教育国际化的趋势分析 34
- 第三节 高等教育国际化发展的主要动因 38
- 第四节 发展高等教育国际化的必然性 44

第三章 高等教育国际化发展内容 50
- 第一节 高等教育课程国际化发展 50
- 第二节 高等教育学生培养国际化发展 55
- 第三节 高等教育教师队伍国际化发展 58
- 第四节 高等教育管理国际化发展 63

第四章 国外高等教育国际化发展研究 68
- 第一节 美国高等教育国际化分析研究 68
- 第二节 澳大利亚高等教育国际化探析 74
- 第三节 日本高等教育国际化分析研究 91
- 第四节 马来西亚高等教育国际化分析研究 94
- 第五节 芬兰高等教育国际化分析研究 99

第五章 我国区域高等教育国际化发展现状与对策 106
- 第一节 北京高等教育国际化现状与对策 106
- 第二节 上海高等教育国际化现状与对策 111

  第三节 深圳高等教育国际化现状与对策……121
  第四节 河南高等教育国际化现状与对策……135
  第五节 甘肃高等教育国际化现状与对策……137

第六章 我国高等教育国际化发展的挑战与对策……150
  第一节 我国高等教育基本现状……150
  第二节 我国在发展高等教育国际化中面临的挑战……154
  第三节 我国高等教育国际化的外部环境机遇……158
  第四节 我国高等教育国际化的对策研究……161

参考文献……169

第一章 高等教育国际化概述

当今世界，经济全球化趋势日趋明显，科技进步日新月异，综合国力竞争越发激烈。在这样的背景下，教育正由社会边缘走向社会中心，高等教育国际化已然成为大多数高等院校提高教育质量、树立社会声誉、更好服务社会的重要途径。高等教育国际化作为当今世界高等教育发展不可抗拒的主要潮流之一，对各国高等教育的发展发挥了十分重要的作用。本章对高等教育国际化的概念、内涵及特征等进行辨析与思考，追溯高等教育国际化发展历程，分析高等教育国际化的主要动因，对于正确理解和把握当今高等教育国际化的发展趋势，推动我国高等教育和区域高等教育的发展有着非常重要的现实意义。

第一节 高等教育国际化的内涵与特征

高等教育国际化是一种早已存在的教育现象，经过不断发展现已成为新的时代发展潮流。它是未来高等教育发展的重要走向之一，也是推动高等教育发展的重要动力之一。

一、高等教育国际化的内涵

虽然"国际化"一词在众多领域中已经使用了几个世纪，但在高等教育领域中出现则是20世纪80年代的事情。对于高等教育国际化概念的理解，学界也是众说纷纭，莫衷一是。正如有些学者所说，任何关于教育国际化的认真讨论都有一个难以解答的问题，那就是对国际化的中心概念的描述。尽管学者为形成一个严谨的定义做了很多努力，但它的核心思想仍然捉摸不定。"高等教育国际化"其实是一个相当复杂且内涵涉及面较广的概念，学者对此的理解也就不尽相同。目前较有代表性的观点主要有以下几种。

一是认为高等教育国际化是一种体系。如美国学者布茨（Boots）在1960年指出，大学国际化应该包括国际化的课程内容、培训流动、跨国研究、研究者和学生的跨国流动、保证教育扶持与合作的国际体系。

二是认为高等教育国际化是一种标准。如在1986年"亚洲高等教育国际讨论会"上，日本广岛大学教育研究所的喜多村和之提出了衡量高等教育国际化的三条标准：异国文化的可接受性，不同国家、种族、文化背景下信息的可交流性，组织的开放性。他认为："第一，所谓'国际化'就是指本国文化被别的国家与民族所承认、接受并得到相当的评价。一个国家大学的学术水平在国际上获得一定的评价，就意味着该大学的教育、研究的机能和制度是国际上普遍存在的，它为外国学者和留学生所接受，在国际社会里具有一定的通用性。第二，确立能够活跃于不同国籍、不同民族的学者间的交际、交流、交换的章程与制度，并使之发挥恰到好处的作用。例如，完善大学在教育、研究领域进行国际交流的章程、规则与制度，使之适合外国研究学者和留学生的要求，发挥相应的作用。第三，'国际化'就是指像对待本国人一样平等看待有着不同文化背景的异国的个人与组织。在大学里，应使外籍教师享有与本国教师同等的资格、待遇，并接纳他们为教授会成员；对外籍学生也应不分国籍与出身，一视同仁。"随后，国际教育发展委员会前主席埃德加·富尔起草的报告《学会生存——教育世界的今天和明天》认为：教育国际化就是要求教育反映出各国共同的抱负、问题和倾向，反映出它们走向同一目的的行动。其必然的结果则是各国政府和各个民族之间的基本团结；在消除了偏见与沉默的情况下，以一种真正的国际精神发展相互间的接触。

三是认为高等教育国际化是一种过程。如简·奈特（Jane Knight）从国家、部门、院校层面给国际化下的定义是："在院校与国家层面，把国际的、跨文化的、全球的维度整合进高等教育的目的、功能或传递的过程。"这种观点认可度比较高，并得到了联合国教科文组织（UNESCO）所属的国际大学联合会（IAU）的支持。

联合国教科文组织所属国际大学联合会在综合各种意见的基础上，对高等教育国际化给予了以下定义："高等教育国际化是把跨国界和跨文化的观点和氛围与大学的教学工作、科研工作和社会服务等主要功能相结合的过程，而且是一个包罗万象的变化过程，既有学校内部的变化，又有学校外部的变化，既有自下而上的，又有自上而下的，还有学校自身的政策导向变化。"

高等教育国际化是"各国高等教育在面向国内的基础上面向世界的一种发展趋势"，也是将国际的维度融入高校的教学、科研等诸项功能中的过程，"即一个国家面向世界，发展本国高等教育的思想理论、国际化活动以及与他国开展的相互交流与合作"。通过这样的过程，教育朝着更加国际化的方向发展。高等教育研究专家阿尔特巴克（Altbach）于2002年在美国举行的国际高等教育大会上做了一个题为《高等教育国际化的视角》的报告，他开门见山地指出:"国际化是高等教育的主要趋势,但也是被片面化理解的概念,所以需要从与之相关的各个视角对这个复杂且多层面的概念进行更加深刻的解读。"

所谓高等教育国际化的内涵,一方面,当代高等教育开始跨越本国的范围而呈现国际色彩。两个或多个不同文化背景的国家联合起来,利用各自资金、师资、实验设备等方面的优势,进行大学本科生、研究生的培养训练,开展科学技术合作研究。另一方面,高等教育面向世界。就高等教育的职能而言,"面向世界"首先意味着培养胸怀全球、放眼世界的优秀人才,不仅了解本国实际,而且对国际社会的政治、经济和文化等方面也有充分的理解,具备应对未来挑战,参加国际竞争所必需的心理素质、智能结构和应变能力的杰出人力。

高等教育国际化是指高等教育面向世界,以具体多样的高等教育活动为载体,以吸收、借鉴世界一流大学的办学理念为核心,以完善本国高等教育体系为目的,建设、改造高等教育管理模式。其主要包含三个层次的内容,即高等教育认识—信念系统,结构—功能系统,规范—运动系统。高等教育国际化立足本国,面向世界、未来。把本国的高等教育工作放在跨国界、跨民族、跨文化的国际大背景之下不断追求卓越的发展进程。它并不是目的,而是培养具有世界眼光,在素质、知识和能力诸方面具有国际竞争力的优秀人才的必要手段。高等教育国际化是一个不断发展的过程,要求高等教育要面向世界,通过广泛的国际交流与合作,在吸收、借鉴国外高等教育经验和文化成果的同时,传播本国的教育和文化的精华,培养具有国际竞争力的人才,促进国际理解。高等教育国际化的基本意义是指在适应经济、政治发展需要的前提下,使本国的高等教育融入世界教育轨道上来的过程,主要通过跨国界的、跨民族的、跨文化的高等教育交流、合作和竞争把国际的、跨文化的、全球的理念融入高校的教学、科研、服务等多项功能中,以使本国高等教育体系更加完善,同时走向世界。更通俗地说,所谓高等教育国际化,就是要加强国际高等教育的交流与合作,积极向各国开放国内教育市场。并在教育内容、方法上要适应国际交往和发展的需要,培养具有国际意识、国际交往能力、国际竞争能力的人才。

在中外学者相关界定的基础上,笔者将高等教育国际化的概念总结为四种:一是从活动角度看,从各种活动的角度出发描述高等教育国际化,比如说课程改革、国际交流等;二是从能力角度看,它侧重于人,从培养学生、教师和其他雇员的新技能角度界定国际化;三是从精神气质角度看,它强调跨文化、国际的观点,树立全球意识并形成国际化的精神气质和氛围;四是从过程角度看，它是将国际的维度和观念融入高校的各项功能之中的过程。

综合国内外相关研究，我们认为应将高等教育国际化理解为一种"化"的趋势和过程，这也是大多数研究者的观点，主要集中于三个方面：首先，在发展背景上，高等教育国际化处于跨国界、跨民族、跨文化的国际环境之下；其次，在发展手段上，高等教育国际化通过广泛的国际交流、合作与竞争，在吸收、借鉴的同时，进行传播、改造；最后，在发展目的上，高等教育国际化意味着培养具有世界眼光和国际竞争力的优秀人才，完善本国高等教育体系。总的来说，高等教育国际化就是在面向国内的基础上面向世界的一种发展过程和趋势。

其实，有关社会科学的概念界定，很难用严谨的自然科学方法给予面面俱到的解释，更何况是高等教育国际化这么一个内涵宽泛的概念。因为其意义的建构，取决于研究者不同的文化背景、价值观念、思维方式、语言表达和解释原则等多种因素。当时的观点也许是合理的，但如果要从全面的、发展的和辩证的观点来解释，它又必然会带有角色、时间和环境影响的痕迹。因此，我们不需要寻求明确且公认的解释，而倾向于针对高等教育国际化建立一个共同理解的基础。在此基础上，我们进一步厘清以下概念。

第一，高等教育国际化。高等教育国际化是一个宏观的概念，它不同于大学国际化，但大学国际化又是其实现的重要途径。高等教育国际化又不同于高等教育国际交流与合作，后者只是操作层面上的，如国际交换生制度、学分互认制度、国际交流培养的一些合作项目等。高等教育国际化既是一种理念，一种思想，又是一种行动，一种过程。高等教育国际化主要包括两个行动领域：本土国际化与海外国际化。本土国际化是为了使本土院校具有国际化视野、国际化经验和国际化要素而设计的战略，如在课程中增加关于全球化和比较教育课题研究的内容，或者招收海外学生、学者就读、任教等。海外国际化指的是在其他国家拓展本土教育、学术与人才交流计划或项目，主要包括建立海外分校，派遣学生、学者到其他国家进行短期学习和交流，参与国际合作教育与研究项目。本土国际化和海外国际化的基本策略就是"引进来"和"走出去"。

第二，区域高等教育国际化。区域高等教育国际化可以被看成一个在一定的区域范围内，以国际化理念为指导，以培养国际化人才和提升区域内高校国际化水平为目标，通过人员流动、教学与课程、研究与学术、合作与联盟等行为，把国际的、跨文化的、全球的维度整合到区域高等教育的过程。

最初的高等教育国际化主要是以国家为主体来谈论的，到后来朝着两个方向发展，形成所谓的区域高等教育国际化。一个方向是指一个国家由于经济发展水平不平衡，有些地方高等教育国际化需求高，有些地方需求低，为了区域高等教育发展和国际化人才培养，地方政府可以在国家高等教育国际化发展框架下，自主快速地发展本地高等教育国际化，以满足地方经济社会发展的需要，也就有了国内区域高等教育国际化的说法，这是以国内地区为主体的高等教育国际化。另一个方向是指某个区域内具有某些共同利益或属性特征或共同纲领的国家和地区的联盟，它们有着良好的交流和沟通，资源共享和融通，这就有了以国家或地区联盟为主体的高等教育国际化，如欧盟区域高等教育国际化。

区域高等教育国际化可以说是在经济全球化和国际教育服务贸易市场开放的前提下，区域高等教育资源、教育要素、教育国际交流与合作在国内和国际两个维度上进行配置和流动，在人才培养目标的确定、教育内容的选择及教育手段和方法的采用等方面不仅要满足本土化的要求，而且要适应经济全球化的新要求。区域高等教育国际化的核心是充分利用国内和国际两个教育市场，优化配置区域的教育资源和要素，培养在国际上有竞争力的高素质创造型人才，为区域经济、科技、文化发展提供服务。

第三，高校国际化教育。高校国际化教育局限在一所高校身上，主要指高校国际化办学视野和国际合作交流情况。如高校是否具有国际化办学理念，是否拥有国际化办学机构，是否有国际合作项目，学校是否具有培养国外留学生的条件，学校与国外研究机构是否具有科研合作，学校是否有交换生，学校是否有国际学术交流等。在这里，高校是国际化的主体。

二、高等教育国际化的特征

随着科学与信息技术的进步，教育国际化进程也逐渐加快步伐，尤其是世界发展到今天，经济出现了全球化的态势，在全球化的浪潮下，传统高等教育正经历着前所未有的变革，高校已经无法固守于原来象牙塔式的传统理念，逐渐融入全球化的整体进程中来，随之也就赋予了高等教育国际化更深、更广的内涵和使命。邓小平同志早在1983年就敏锐地指出："教育要面向现代化，面向世界，面向未来"，集中体现了他对教育地位的全面审视和战略思考，进而揭示了我国教育走向国际的必然。2001年比利时根特大学教授旺达姆对高等教育国际化影响因素之一的经济全球化进行了深入剖析，他认为：全球化对大学产生了新的需求，施加了新的紧迫感；全球化造成了世界范围内对高等教育需求的显著增长；全球化使一个无边界且跨国界的高等教育市场应运而生。经济全球化是世界经济发展最显著的特征，为高等教育国际化创造了新的环境和条件，对高等教育国际化产生了根本性的影响，带来了与时俱进的新特点，而这主要体现在以下几个方面。

（一）实施主体多元化

20世纪70年代以前，由于高等教育国际化主要受政治、外交或国防政策的影响，国家或政府实际上成为实施高等教育国际化的主体，属于外交政策的一个组成部分。80年代以后，经济全球化的发展为高等教育国际化带来了巨大的发展契机，大多数国家的高等教育国际化不直接受国家外交政策和国际需要的影响。就国家层面而言，教育部在实施《面向21世纪教育振兴行动计划》中指出："重点支持部分大学创建世界一流大学和国内外知名高水平大学。"这实际上就是一个高等教育国际化的命题，旨在培养国际性人才，提升国际理解力。戴维斯（Davies）等人用"当今大学的重要特征之一""未来高等教育的重要主题"等语句对高等教育国际化进行描绘，揭示了高等教育国际化在今天大学发展中举足轻重的意义与作用。

如今，区域教育整合开始在高等教育国际化的进程中扮演越来越重要的角色。随着经济全球化在世界范围内的展开，区域经济一体化的进程也在不断加快。以区域性联盟为单位，各成员国纷纷寻求建立政治磋商机制、推进市场经济融合，而一体化的基础又深入文化交流、畅通的人才流动以及地区认同感的提升中。在这样的背景下，区域高等教育的整合势在必行。区域高等教育国际化的内涵在于，在经济全球化的前提下，从国际和国内两个维度出发，优化配置区域高等教育资源和要素，扩大教育国际交流与合作，为区域经济、科技和文化的发展提供高素质人才。作为构建区域共同体的先行者，欧盟在高等教育区域整合方面开展得最早，成果也最为显著。欧盟在一体化过程中，不断加大成员国高等教育国际化的力度，从1987年欧洲共同体推出的"伊拉斯谟计划"到1999年欧盟的"博洛尼亚宣言"，即"创建欧洲高等教育区域的宣言"，共吸引40多个国家加入了欧洲高等教育区；2001年欧洲高等教育部部长会议上签署了《布拉格公报》，主题为"形成欧洲高等教育区域"；2003年回顾了所取得的成绩和不足，制定了新的发展目标，在此基础上签署了《柏林公报》，主题为"实现欧洲高等教育区域"；2004年的"伊拉斯谟世界计划"，欧盟不仅努力推动各成员国之间师生和学术人员的流动，还强调了质量保证和文凭互认的重要性，致力于加强欧盟同北美、亚太地区第三国高等教育领域的交流与合作，提高了欧盟国家高等教育的质量和竞争力，对欧洲的高等教育产生了重要影响，在高等教育国际化方面取得了显著成效。值得注意的是，区域高等教育一体化，不仅在内部推动了各成员国之间大学的交流，在外部，即区域间的层次更为丰富、结构更为复杂的跨区域教育交流也在蓬勃发展。1995年11月,东盟各国高等教育部部长会晤并签署"东盟大学联盟"宪章,各参会大学签署建立"东盟大学联盟"的协议,正式成立"东盟大学联盟"(AUN)。AUN的总体目标是通过促进东盟各国确定的优先发展领域的交流学习与合作研究,加强东盟高校之间的合作,促进各国科学家、学者之间的交流,加强该地区的学术与专业人才的人力资源开发,创造和传播科学知识和信息。核心目标是促进学术流动、提升东盟意识、增进东盟学生之间的了解。重点在四个领域:开展学生、教师交流;开发东盟研究项目;鼓励合作研究;建立信息网络。AUN将东盟各国的学术优势整合起来,确定优先合作领域,以此深化东盟的学术活力,强化区域特征和巩固区域团结。2012年11月,由AUN主办、北京大学承办的首届东盟与中日韩大学校长会议在北京大学对外交流中心成功召开,泰国高教委、印度尼西亚文教部及日本科学省等相关教育部官员以及来自东盟地区与中日韩三国30余所高校的领导在协商一致的基础上,共同成立了东盟与中日韩大学联盟,并签署了谅解备忘录。这就在原有的联盟之上形成了包容性更大、覆盖范围更广、层次更高的联盟,进一步深化和扩大了东盟地区与中日韩三国之间高等教育的发展与合作,推动了东亚区域的三边合作,为整个亚洲地区大学合作机制的建立架设了桥梁。这是受欧盟高等教育国际化合作的启示,亚洲在国家间不可能达到联盟的情况下,大学之间寻求合作的一种有效方式。

(二)交流内容与合作模式多样化

早期的高等教育国际化由于信息技术尚不发达,在形式和内容上都比较单一,主要表现为不同国家或地区间的人员流动,留学生教育则是实现早期高等教育国际化相关活动的主要手段。

一些国家和地区随着经济发展水平和国际声誉的提高,以及对国际化人才的需要,改变了思路,不再是出国留学,而是把国外的优质大学资源吸引到国内来,主要战略是鼓励其他国家的高水平大学来本国建立分校,使本地学生能够分享国际优质资源,获得良好的高等教育,并借机发展成为地区性的高等教育中心。

跨区域和跨国的合作项目名目繁多,包括在海外完全独立的"姐妹"学校(如阿布扎比的纽约大学)、母校的海外分校(为大多数外国投资者钟爱的模式,类似于开办连锁店,多设在诸如迪拜、卡塔尔和新加坡这些国家的中心区域)和合作项目。另一普遍现象是一个或者数个院校与机构联合提供范围相对较小的海外学习计划或内容相对单一的海外学习项目。实施这种类型的学习计划或项目以新型的教育提供者(如以营利为目的的高等教育机构和远程高等教育机构等）为主，而且增长较快。

随着信息时代的到来，经济全球化呈现不可逆转之势，高等教育国际化的内容不仅表现为学生和学术人员的国际性流动，而且表现为国际化课程体系的建立，高等教育法规的健全与完善，信息资料、多种教学仪器设备等资源的共享，区域性和全球性协作组织的建立，跨国大学网和跨国虚拟传递等。高等教育国际化的形式表现为国际学术研讨会、人才交流与培养、合作研究项目、成立联合学院或系、双学位合作项目、建立中外联合实验室等，在未来高等教育国际化中将进一步显示它们的作用。

近年来，国际教育领域密切关注的一个热点主题就是公私合作模式（PPP）。这种模式鼓励和引导非公共部门的资源（技术、管理和资金等）投入核心的公共服务领域（基础设施、医疗卫生、教育等）。在高等教育领域，公私合作模式的特点不是基于具体合同的政府订单购买或外包服务，而是公立教育机构与民营机构进行公私合作办学，政府则在战略、政策和经费等方面进行积极的引导与扶持。

中外合作办学作为一种新型办学模式，打着"不出国门留学"的旗帜，呈现快速发展的态势。目前，国内不少高校都竞相与国外教育机构合作，设立中外合作办学机构与项目，涵盖包括本科、硕士、博士在内的各办学层次。发达国家借此解决其学额过剩、经费不足等问题，同时宣扬其教育制度、文化和价值观；发展中国家则认为这是借鉴发达国家办学经验和办学资源而促进本国高等教育国际化的一条捷径，既可节省学生出国所耗费的外汇，又可让学生较少受到西方文化和价值观的影响。这样，两方面均致力于中外合作办学，发展前景似乎十分广阔。

然而，中外合作办学作为教育界较为新生的事物，其办学过程尚处于摸索阶段，许多方面亟待创新和改进完善。

（三）国际化越来越追求质量

当前，大多数高校都将国际化纳入本校的发展战略目标之中。不过，在不少高校看来，国际化似乎就是指吸收国际留学生、引进外籍教师、开展双语教学、提高教师出国比例等。这些具体举措，只能说是浅层次的高等教育国际化，远远没有触及高等教育国际化的实质。今天，我们谈提升高等教育质量，就必须置身于高等教育国际化的形势中进行前瞻思考。我们既要形式上的国际化，更要关注内容上的国际化，从浅层次走向深层次，从外围进入核心，不盲目追寻国际化的多种形式，而是把质量当作高校发展的生命线，积极探索高等教育国际化的质量标准，以应对国际化对高等教育的挑战。

就高等教育国际化而言，需要对政策架构、教育结构甚至课程体系进行更全面的国际协调，而在质量保证和文凭互认方面更需要尝试采用一种国际性的方法。联合国教科文组织是进行全球教育治理的一个首要的多边组织，它期望建立一种多层治理体系，并在其中发挥政治协调者和知识监管者的作用，从而在其职责范围内有效地监督、指导和协调各国的政策制定。在其政策立场文件中也指出，为适应新形势的要求，各政府机构应考虑建立国际和跨国的框架，保证日益多样化的发展形势下全球高等教育的质量，以及提高各利益相关者在此方面的意识。UNESCO 对高等教育国际化的治理主要是通过标准制定、能力建设和信息共享等机制来推动和落实的，取得了一些积极的成效。但 UNESCO 对高等教育国际化的全球治理仍存在诸多问题，需要从多方面加以改进和完善。我国高等教育国际化发展到今天，不论是送出国门的，还是引进培养的，都缺乏一个科学的标准去评测其质量。

第二节 高等教育国际化的构成要素

高等教育国际化涉及高等教育的各个方面，包含着极为广泛的内容。但概括地说，其基本构成要素包括以下几个方面。

一、国际化的教育观念

高等教育国际化的前提首先在于要有国际化的教育观念，要从全球的视角出发来认识教育的改革与发展问题。如日本政府早在 20 世纪 50 年代中期就已开始意识到："以国际化观点进行教育改革是关系到我国生存与发展的重要问题。"日本文部省编写的 1995 年《教育白皮书》提出："为增进国际理解，确保世界和平与国际社会的稳定，必须继续有计划地推进教育、文化、体育领域内的交流与合作，建立国际信赖关系，并且进一步对外开放。"日本教育理论专家喜多村和之教授强调高等教育应该向三个方向发展：一是能够为他国、他民族所承认和接受；二是能够与外国进行平等交流；三是能够充分对外开放。美国高等教育专家、前卡内基高等教育政策研究理事会主席克拉克·科尔曾明确指出，我们需要一种超越本地学院传统的新的高等教育观念，即高等教育要面向世界发展。他认为，教育关注的是整个世界，而不只是其中的一个部分。知识无国界，各国知识分子都应做有助于扩展人类的知识和增进人类相互理解的工作。通过获得知识和技能，能够使受过教育的人们在更多的国家和文化中发挥作用。各国面临的核心问题之一是不可再生资源的利用，包括核战争和抑制通货膨胀在内的许多问题使得国际合作变得越来越重要。各国除非能够相互理解，这种合作才会有效。大多数具有良好全球意识的国家，在国际上将具有优势。在法国，坚持大学的开放性是近年来政界和教育界的共识，认为唯有高等教育才能够在欧洲范围内为法国培养精英奠定坚实的基础，在欧洲构建中承担一定的责任。无论对于大学还是学院，国际化都具有优先地位。1992年，法国有1.5万大学生参加了旨在鼓励和促进欧共体成员国之间大学生的交流，发展高校之间联系的伊拉斯莫计划。澳大利亚政府认为国际教育在澳大利亚的国际关系中占据着越来越重要的地位，能够在其国际关系中扩展经济、文化、和人际层面，能够通过更广阔的国际视野丰富其教育培训系统，并拓宽社会纬度。

二、国际化的培养目标

越来越多的国家在高等教育培养人才的目标上增加了国际化的内容。一方面是在思想上培养学生的国际意识，主要是指为增进不同民族、文化的相互理解而加强国际理解教育，使学生能够深刻理解多元文化，能够在国际文化交流中充分沟通思想，能够从国际社会和全人类的广阔视野出发判断事物。如美国提出要培养"有国际眼光的人"，使大学生会讲一门外语并通晓别国文化。日本"临时教育审议会"在对高等教育国际化的有关建议中指出，只有做一个出色的国际人，才能做一个出色的日本人。在国际社会中要想生存下去，除了牢固掌握日本文化外，还应该对各国的文化和传统加深理解。日本中央教育审议会也指出，国际交流的基础是：培养在国际中被信赖和尊敬的日本人，同时还应该对各国的文化和传统加深理解。另一方面是在能力上培养具有在国际市场中竞争的能力，使学生掌握一些将来在国际社会中工作所必需的知识和技能。具体来说，要使培养出来的人才能够懂科技，通外语，会经营，善管理，具有较强的国际意识，通晓国际贸易、金融、法律知识，能够适应国外工作和生活环境。为此，必须注重外语的教学。因为外语不仅是学习别国文化，了解世界文明，扩大不同国家人民之间交流的重要工具，同时，掌握外语也是成为政府机构、跨国公司和许多社会部门未来员工的重要条件。

三、国际化的课程

课程作为教育事业的核心领域，是教育改革的核心内容。高校课程内容的国际化，主要表现在更新知识、吸取当今世界科学文化最新成果这一方面。目前，我国高校为了适应国际政治、经济、贸易以及科学技术国际化发展的需要，正在结合实施《面向21世纪高等教育教学内容和课程体系改革计划》，大胆借鉴国外高校的专业结构、课程体系和教学内容，不断深化本国高校的专业设置和课程改革，加大课程国际化的力度。国际贸易课程的国际化具有一定的代表性。早期的国际贸易课程内容陈旧，把研究对象局限于探讨生产关系在国际贸易领域的具体表现，而对国际贸易的一般规律以及国际贸易分工的一般理论和政策，研究得很不够。这种冠以国际之称的课程，其观点并非是真正国际性的，而是以意识形态为主导的理论体系，缺乏对国际贸易一般规律的研究。针对这种情况，我国高校对该课程的内容做了较大的改革和更新。新教材以全球范围的经济贸易为研究对象，注重探索客观经济运行的一般规律，努力把握当代国际贸易的最新发展，注重理论与中国实际的密切结合。在保持以马克思主义经济学原理为指导的前提下，新教材有批判、有选择地吸取西方国际经济学中反映生产力发展规律的合理成分，特别是借鉴了其中的一些分析工具和研究方法。在讲授国际贸易理论时，教师重点介绍当代贸易理论的最新发展，引导学生把握和了解国际贸易发展的新趋向，并注意引用一些最新统计资料，使课程内容不断更新。

高校的各门课程，除一些反映本国本民族的文化、知识、技能等特色的课程和涉及意识形态的课程外，无论是文、史、哲，还是理、工、农、医，都在有步骤、有计划地向国际化靠拢。尤其是理工科类，紧跟现代科技的最新发展成果，补充课程教学内容，采用国际通用的统计方法和评价标准，使用通用的国际术语，与国际接轨。外语教学也不断得到强化和改善，在信息技术、生物技术、新材料技术专业和金融、法律等热门专业以及国家急需的专业开展双语教学。此外，各高校已经开始注重选用国际上最先进的原版教材或教学参考书，吸引外国一流的专家、学者、教授来讲学。

四、国际化的人员交流

人员的国际交流是高等教育国际化中最活跃的方面，其中包括学生的国际交流和教师的国际交流两个部分。

（一）学生的国际交流

据联合国教科文组织调查，目前大约有超过 140 万学生在其祖国之外继续中学后教育。大规模的学生留学国外，不仅有助于各国学生之间的相互学习，而且有利于扩展课程内容的国际广度，开展跨国文化的研究与讨论，招聘更多的具有国际经验的专家。发达国家在高等教育国际化进程中加大了留学生教育的发展力度，尤其许多国家实施吸引外国留学生的优惠政策，吸引和凝聚了大批世界的优秀人才资源，促进了本国社会的全面发展。和其他的国家相比，美国的高等教育系统在资金的投入量、学校的类型和层次的多样性、大部分学校的高质量、比较开放的入学传统以及英语作为世界性语言等方面的优势都是其他许多国家所难以比拟的。所以长期以来美国一直是世界上接收外国留学生最多的国家。

大批国外学生到美国的大学和学院学习，除了给美国的高等教育系统注入了新鲜血液外，还对美国的社会有着种种现实和长远的重大利益。如：给美国带来巨大的经济利益；有助于美国高等学术发展和杰出的国际中心地位的建设；有助于美国与留学生派遣国未来政治及其他关系的发展；同时还有助于为美国培养和吸引大批英才。

现代的科技文化交流是一种双向交流，许多国家都已经意识到要培养国际型人才，增进民族间的相互理解，就必须派学生到相关国家去了解该国的历史、文化、风土人情，去参与该国的生活，只有这样才能真正深入地了解对方。因此，在吸引外国留学生到本国留学的同时，这些国家也加大了选派学生出国留学的力度。如美国在1994—1995年有84400名学生出国留学，比1993—1994年增加了10.6%。日本高等教育国际化的一个重要方面是创造条件让学生到海外留学。日本很多大学与国外的高校签订了双边或多边协议，给学生提供出国留学的机会，这种合作方式极大地推进了国际化项目的发展与实施，促进了日本高等教育向国际化方向的发展。如在20世纪80年代，日本许多大学和专科学校开设了多种海外研究课程，或与国外大学订立协议提供短期培训课程，主要目的是为学生提供一个学习外语并置身于外国语言环境中的机会。此外，国外的一些私立大学还在海外设立分校增加学生出国学习的机会。

（二）教师的国际交流

教师的国际交流是高等教育国际化的一个核心部分。具有国际知识和经验的教师可以直接推动教学、科研向着国际化的方向发展，因此近年来许多国家的高校都采取多种形式增加教师出国访问进修的数量，同时还面向世界招聘教师和学者。如新加坡国立大学分别在纽约和伦敦设立教师招聘办事处，派专人到欧美、日本、澳洲等地名牌大学物色人才，高薪聘请著名学者、专家来校任教。日本也在修改有关法律以增加外籍教师数量，吸引高水平的专家。而美国更是以其强大的政治影响、雄厚的经济实力、先进的教学科研条件和优厚的工作生活待遇吸引了大批国外优秀的专家、学者参与国际交流与合作。除了聘请高水平的教师来校任教外，不少学校还邀请国际知名学者、专家进行短期访问和讲学，或聘请著名学者为名誉教授或客座教授。这样一方面使教师队伍趋于国际化，另一方面也使教育思想观念、课程和教学向着国际化的方向发展。

五、国际学术交流与合作研究的多种途径

多途径开展国际学术交流与合作研究是高等教育国际化的又一重要内容。国际学术交流与合作无论对学生的发展还是对学者的研究都有着极为重要的意义。联合国教科文组织1995年提交的《关于高等教育的变革与发展的政策性文件》中指出：国际合作是世界学术界的共同目标，而且还是确保高等教育机构的工作性质和效果所不可缺少的条件。高等教育已在知识的发展、转让和分享方面发挥了主要作用，因而学术上的国际合作应为全面开发人类的潜力做出贡献。目前国际学术交流与合作研究主要有以下几种方式。

（一）通过有关国际组织进行国际合作研究的方式

通过联合国教科文组织、国际学术联合会议等机构设立有关项目进行共同研究。如1972年联合国大会决定设立的联合国大学以网络的形式将世界各大学的研究、研修中心与有关大学、机构联系起来，对地球环境、人口、城市、世界和平等问题进行研究。

（二）通过校际交流的方式

以日本为例，日本到目前为止已有多所四年制本科学校与国外高校签订了各种国际学术交流的正式协议，合作对象多为美国、中国、英国等国的高校；他们与进行合作研究的国家，各自设立"定点学校"，根据特定研究领域的交流项目，在其他大学的协作下，各大学之间进行有组织的共同研究。

（三）通过研究人员流通交流的方式

即各国邀请国外学者来访问、讲学或派本国学者出国留学、访问等。通过国际会议进行学术交流。各国都制定了一些制度支持、推动学者积极参加国内外组织的各种学术活动，开展学术信息交流。如资助研究成果的发表、推动高校通过国际互联网交流数据和研究成果等。

六、教育资源的国际共享

现代交通和通信技术突飞猛进的发展，缩短了时空的距离，使各国间人员、物资、信息的交流极为便利，这就给一些教育资源的国际共享提供了条件。从信息资源的角度来说，现代信息传播的便捷，尤其是信息高速公路的世界联网，使得信息资源能够实现一定程度的国际共享。如在1996年7月，中国—

泰国一日本三国多媒体远程教育系统开通。该项目由日本邮政省电波部立项，北海道信息大学组织实施，以中国南京大学和泰国索克多王工业大学为合作对象。这是由政府出面组织的跨国界实施教育、进行国际合作的最新尝试之一。此外，国际互联网、虚拟大学、电子图书馆等设施把全世界各个角落的学生、学者、研究人员联系起来，使他们坐在家中就能掌握最前沿的科技知识，了解最新的学术动态，与地球另一端的有关人员进行探讨。从物资资源的角度来说，目前物资资源在国际范围内的流通更加广泛快捷，而它们主要通过两种方式进行流通。一是通过国际有关组织的协调，如联合国教科文组织、经济合作与发展组织、世界银行等组织，从多方面进行援助，帮助各个国家尤其是发展中国家的教育事业。如世界银行向中国贫困山区提供的无息贷款，组织各国专家就有关教育问题进行研究等。二是发达国家对发展中国家的援助，即提供人员、技术和资金方面的支持。如派出专家、学者到发展中国家讲学、任教，在教学设备或教育技术等方面提供技术援助，向发展中国家大学提供研究经费，向国外留学生提供助学金等。这些方面的援助使发展中国家在一定程度上克服了技术落后、资金不足等困难，能够跟上世界高等教育发展的潮流。

七、强化外语教学

语言是交流的工具，是实现国际化发展的语言基础。在欧盟国家，要求各会员国之间实现资本、货物、人员、劳务自由流动，他们认识到只有加强外语教学方可实现相互间文化的了解以及交流与合作，才能解决学历、证书、文凭和学位的相互承认。日本在培养富有国际性的日本人才时强调：改进外语教学，提高外语教师水平；加强日语教学，尽快培养日语教师和研究人员，二者都是日本高等教育国际化征途中必须解决的问题。

第三节 高等教育国际化的发展历程

20世纪80年代以来，世界各国研究者对高等教育国际化的关注度不断增加。比如，著名学者斯文·格罗林曾把国际化描述为"高等教育历史上最有力的实质性发展"。克拉克·克尔（Clark Kerr）认为，学习的进一步国际化是全世界高等教育机构的两个运动规律之一，将其概括为"一种行动的规则，指引并推动着高等教育机构的发展"。高等教育国际化有着漫长的历史，对其进行深入的分析和研究，有助于把握高等教育国际化的发展趋势，明晰高等教育国际化的发展动因，从而促进政治、经济、文化的进步，从客观上促进整个人类文明的发展。

一、古代和中世纪时期

自中世纪大学产生以来，国际化一直伴随着高等教育的发展。其实，高等教育国际化的历史渊源最早可以追溯到古希腊和古埃及时期。那时候，跨国的"游教"和"游学"虽然只在非常狭小的范围内进行，但已经非常盛行。在古希腊时期，智者派学者漫游希腊世界，巡回讲授雄辩术。罗马帝国时期，随着罗马侵略军队的进一步扩张，罗马学校也在帝国领地里普及开来。在古代地中海周围及其后的欧洲中世纪大学中，主要学习"七艺"，教学语言也是以希腊语和拉丁语为主。欧洲，特别是西欧地区，是世界近代高等教育的发祥地，也是跨国界、跨文化学习和国际教育的先驱。1158年法国创建的巴黎大学、1088年意大利创建的博洛尼亚大学和1170年英国创建的牛津大学并称为中世纪欧洲最古老的三所大学，不论在学术传统还是管理模式上都对其他各国产生过重要影响。

古代高等教育之所以自萌芽时代起就具有国际性，是因为当时知识被公认为具有普遍性。中世纪大学所追求的也正是这种普遍性，认为人文学科是一切知识的基础，一切学问在范围上都是全球性的。大学虽然不是教会，但大学却继承和保留了教会的特点。中世纪大学的宗教性是其具有国际性的主要原因。正如教育史专家鲍尔生所说，中世纪大学是按照教会的独特生活方式去活动的，特别重视教会的世界性质和国际性质。因为当时的大学，至少是德国的大学，无一例外的都是在基督教会的土壤上蒙受天主教会的庇荫而成长起来的；教会的教义成为它们教学的基本原则，教会的通用语言（拉丁语）也是它们的语言；大学的成员，无论教师或学生，多数都是享受"僧侣生活待遇"的在职人员或预备人员；大学讲座，至少在德国，多数都享有不必强迫居住寺院的僧侣的俸给。因为大学具有教会和宗教团体一样的国际性质，遂使教师和学生养成乐于到国外居住的习惯和勇于冒险的精神。也正如赖德所描述的那样："拉丁语作为普遍的教学语言，统一的教学体系和考试制度，使得游学的学生能够从一个学园转向另一个学园，并使他们的学位得到承认。"正是基于这种观念，当时的大学在入学方面没有国籍限制，每所大学都能够吸收来自不同地域、不同种族的学生和学者。更重要的是，学生可以在不同大学之间自由流动，通过一定的考试就可以获得学位，这也能体现出中世纪大学独特的民主性和平等性。

在中世纪的欧洲，教授与学生频繁来往于本国与他国的大学之间，或展开学术交流，或进行学术朝圣之旅，致力于增广见闻，了解与体验别国的文化与社会。师生的来往流动，加之中世纪大学设有文学、神学、医学、法学四个普遍性的学科,采取拉丁语作为通用的教学语言,使得这种基于个人学术志趣的跨国游学具有了学生国际化、教师国际化以及课程国际化的形态,并由中世纪大学传承至现代大学,反映出大学内在的国际化诉求。

可以说,正是由于这种普遍性观念的存在,古代和中世纪时期的高等教育国际化才有了内在动力。在亚洲,类似于中世纪欧洲"游学"和"游教"的现象可以追溯到春秋战国时期,其后的各个朝代也都有着同国外不同程度的交流,但唐朝时期最为频繁。

从14世纪开始,大学的国际性特点就开始丧失,许多新建立的大学开始注重从本地区、本民族进行招生,遏制学生到其他地方的大学就读。大学也不再是像巴黎大学、博洛尼亚大学、牛津大学等那样逐步长成,而是在封建王侯和教皇的参与下创建真正公共性质的学校。大学的民族性成为中世纪大学历史发展的转折点之一。

二、16世纪到第二次世界大战期间

随着16世纪欧洲宗教改革运动和法、德、英、西班牙等民族相继形成分裂的宗教以及封闭的国家边界使得高等教育失去了国际化的内在动力,取而代之的是民族性特征得以彰显,政治世界出现了分裂,"学习的世界也被扯得四分五裂",严重破坏了知识普遍性的观念。而此后的一段时间,随着各国民族主义和本民族语言的发展,拉丁语不再是各国大学的通用语言,大学之间的共性和交往明显减少,大学的国际性特征趋于消失。高等教育日益为民族国家所控制,高等教育的民族化特征明显强于国际化特征。直到19世纪初,这些现象才有所改观。

进入19世纪后,近代自然学科和人文学科逐渐兴起,其中自然学科进入大学课堂,科学知识具有普遍性的观念重新得到大众的关注,高等教育国际化特征又得以彰显。特别是1810年创办的柏林大学,在大学改革浪潮的影响下,进行了大刀阔斧的改革。先进的教育理念("孤独和自由""教学和科研")和制度使其在短时间内发展成当时世界上最优秀的大学之一,其办学经验成为欧洲乃至世界各国大学效仿的对象,因此也获得了"现代大学之母"的美誉。柏林大学吸引了世界各国的大学生和青年科学家前来求学和深造,柏林也因此成为当时欧洲乃至世界的科学文化中心。从1814年第一批4名美国学生赴德学习,到第一次世界大战前,约有1万名美国青年和学者到德国大学学习,仅柏林大学接纳的美国学生就超过了5000人。当时的柏林大学成为其他各国大学学习和模仿的榜样,促进了19世纪高等教育的国际交流,从而推动了高等教育国际化的新进程。

19世纪高等教育的国际交流具有鲜明的特点。从19世纪直至第二次世界大战前，德国高等教育一枝独秀。不仅英、美等欧美国家，东方的日本也仿照德国现代大学的模式进行改革，高等教育的国际交流呈现从德国向其他各国单向传递的特点。值得一提的是，在此期间，美国在全面学习德国模式之后开始创建符合本国国情的高等教育体系，逐步走完了学习—移植—融合—创新的国际化道路。20世纪初，经过威斯康星大学改革后，大学增加了第三项职能——社会服务。从此，威斯康星大学成为新型大学办学模式的代表，不仅国内其他大学竞相效仿，其他工业国家的大学也纷纷开始增加这一项重要职能。

随后，20世纪的两场战争基本阻碍了国与国之间的正常交流，各国都将精力放在了战场和后方建设中，高等教育国际化较之前有明显衰退。

三、第二次世界大战后至今

进入20世纪，尤其是在两次世界大战后至冷战后期，随着高等教育现代性的不断增强，从教师与学生的国际交流到课程、项目在国家间的合作设计和实施再到大学模式的国际移植，高等教育越来越多地具备了组织性、计划性和战略性。这一时期国际局势的诡谲和两大阵营的高度对峙，赋予了高等教育国际化巩固国家安全的政治使命。80年代冷战时代结束至今，在经济全球化浪潮的冲击之下，高等教育国际化从强调国防与外交的国家利益转向提升高等教育质量、培养具备全球竞争力的下一代。在某些高等教育发达国家，国际化的动因还包括了高等教育服务贸易的发展。

冷战结束，世界国际政治、经济形势发生翻天覆地的变化："和平与发展"成为世界两大主题；世界经济一体化、全球化进程加快；世界各国面对越来越多的国际性问题；现代交通和信息技术的快速发展，尤其是得益于90年代信息高速公路的建立，世界变成了"地球村"等。国际竞争已从军事对峙逐步转向了经济、技术、知识以及人才的竞争，传统高等教育的办学和人才培养模式已经不能满足经济全球化和知识全球化发展趋势的需要。越来越多的受教育者认为，在这样一个全球化的时代，要想在未来的就业市场崭露头角，具备国际性的知识和经验是必要的条件。在这种历史背景下，高等教育国际化成为社会历史发展的必然要求。所以，大学必须更新观念，不断学习和借鉴他国的经验与模式，参与国际的交流与合作，只有这样才能适应时代的要求，朝着全球范围的国际化方向发展。

高等教育国际交流在第二次世界大战结束后迅速火热起来，最初主要围绕美、苏两国。当时，这两个超级大国为了促进教育国际交流和合作，有非常明确的政治意图，即基于对世界其他部分更透彻的理解，维持和扩大影响范围。当时的欧洲忙于应付两次世界性战争所带来的严重创伤，他们国家的许多学者或在战争中牺牲，或移民到美国、加拿大和澳大利亚等国家，已经无暇顾及国际学术交流，以至于这些移民国家（主要是美国）一时成为高等教育的中心。

20世纪六七十年代，越来越多的国家开始注意到了高等教育国际化的问题。第三世界国家在此期间依然成为国际学术合作角逐的主战场。尤其是八九十年代以来，基于各国政府的高度重视，高等教育国际化得到了很大的发展。作为经济大国的日本的崛起，不仅对美国政治和经济的主导地位带来挑战，而且对其研究和教育的主导地位也带来挑战。日本文部省编写的《教育白皮书》指出："必须继续有计划地推进教育、文化、体育领域内的交流与合作，建立国际信赖关系，并且进一步对外开放。"因此，日本开始投资于"研究与发展计划"，与美国开展竞争。美国许多有识之士看到了面临的挑战，激发了他们的激情，加快了高等教育国际化进程。同时，在教育界建立了一批组织，教育国际化便因此获得了较大的发展。如1987年在私人基金会资助下，"高级外语学习和国际事务研究联合会"成立，它包括165个成员机构，这可以说是美国教育国际化活动史上第一次大规模联合。在这一时期，美洲、欧洲、亚洲和非洲国家不约而同地开始关注高等教育的国际化，人员交流数量增加。1930年在美国学习的外国学生仅有9643人，到1953年达33647人，1969年达121362人，1988年到360000人。

20世纪90年代以来，美国、澳大利亚、日本等工业化国家高等教育国际化的改革与发展经历及其在增强国家竞争力方面的卓越成效影响了亚洲高等教育国际化的方向。亚洲诸国也开始重视通过跨境教育的运作模式促进本国高等教育能力建设以及国家能力的提升。值得关注的是，那些传统的高等教育输入国家，如中国、韩国、新加坡与马来西亚，也纷纷确立了未来国际学生招收的量化目标，不仅经由跨境教育满足国内学生的教育需求，更进一步地通过跨境课程、海外分校等形式的跨境教育进行教育输出，已然成为国际高等教育招生市场后起的竞争者。亚洲高等教育国际化领域的这些新现象模糊了传统教育输出与教育输入之间的绝对界限，即过去被认定为典型的高等教育输入国，尤其是那些工业新兴国家，开始展现其高等教育输出的能力，从而使得这个区域内国际学生的流动不再只是由东方至西方，也出现了由西方至东方流动的情形。学生国际流动包含了招募国际学生以及输送本国学生到海外攻读学位项目或进行短期学习。学生国际流动的规模可以在很大程度上折射出高等教育国际化的整体水平，学生国际流动的情况能够反映高等教育国际化的总体格局与发展趋势。

联合国教科文组织称："从1999年到2004年，全世界'流动学生'的人数增加了41%，也就是从175万增加到250万。同一时期，各高校的录取率也上升了40%。"《2006年全球教育摘要》显示，全球六大留学目的国（美国、英国、德国、法国、澳大利亚、日本）接纳的留学生占全球留学生总数的67%；西欧发达国家出国留学的人也很多，每年约有40.7万人，占全球留学生总数的17%。经济合作与发展组织（简称经合组织）和联合国教科文组织2013年上半年发布的信息显示，2011年全球高等教育阶段国际学生约为430万人，最主要的留学目的国分别为美国（国际学生占全球国际学生总数约17%）、英国（13%）、澳大利亚（6%）、德国（6%）、法国（6%）、加拿大（5%）。选择到美国学习的国际学生占全球学生的比例从2006年的23%下降到2011年的17%，德国下降了5%，而日本退出了前六。不过，欧洲仍然是留学最主要的目的地，占48%；北美地区次之，占21%。就国际学生人数增长比例来看，上述国家和地区比较平缓，法国、德国、墨西哥、新西兰的国际学生增长速度均低于10%。但反观亚洲、拉美以及加勒比地区，如全球经济发展所展现的那样，涌现了一批新兴学生流动目的国；2005年至2010年，国际学生数量在巴西、智利、印度尼西亚、韩国、沙特等国家增加了一倍以上。

2014年，经济合作与发展组织出版的《教育概览》统计了1975年至2012年大学生国际流动的数量变迁：1975年全世界在本国之外高校求学的学生仅有80万人，至2012年，已达450万人，规模扩大了五倍多。英国文化协会公布的《展望2020：国际学生流动预测》提出，至2020年，世界范围内在本土之外求学的大学生数量将达到580万。至2025年，这个数字预计将接近800万。经济合作与发展组织在2014年发布的一份国际学生流动报告则从学生输入与输出的角度进一步勾勒了21世纪初世界高等教育国际化的基本格局。报告指出，经合组织中的多数国家是传统的高等教育输出国，这些国家在2012年总共接收了全球75%的国际学生，这其中又有超过一半比例的国际学生流入了美国、英国、澳大利亚、德国及法国、加拿大六个高度工业化国家。美国、英国与澳大利亚一直是国际学生市场占有量位列前茅的国家。2012年，美、英、澳三国总共接收了全世界约35%的国际学生。2014年，这一比例又有所增长，达到了37%。德国与法国虽然也是主要的国际学生接收国，但由于欠缺英语作为世界第一语言的客观优势，故其在高等教育国际市场上的表现始终受到限制，难以与英语系国家抗衡。

近年来，很多国家或基于人才战略储备和国家软实力的需要，或出于高等教育国际化的目标，纷纷设立奖学金项目，以资助本国学生赴国外深造。如俄罗斯的"全球教育"发展规划，2013—2015年计划投入45亿卢布（合1.5亿美元），用于资助超过2000名俄罗斯大学生到国外学习。澳大利亚也宣布，2013年开始实施为期5年的"新科伦坡计划"，注资1亿澳元，鼓励学生赴"亚太—印度洋"地区国家学习。此外，还有巴西的"科学无国界"计划、美国的"四年十万强计划"、日本的"公共奖学金制度"等。这些国家层面的项目促使越来越多的学生开始寻求国外良好的本科教育。同时，新兴国家（如中国、越南）的中产阶层规模不断壮大，有能力承担自费出国的家庭也越来越多。本科阶段的学生很大程度上推动了国际学生入学率的增长。这一点从美国《门户开放报告》可见一斑：2011—2012学年，在美国进行本科阶段学习的国际学生同比增长了6.1%，而同期研究生的增长仅为1.3%。

中国作为世界第二大经济体，在全球国际学生流动中的角色和地位越来越重要。教育国际交流与合作不断深化，推动了包括国际学生在内的人才双向交流和流动。政府做出了所谓的"走出去，引进来"的战略部署。当前，中国是世界上最大的留学生生源国。据统计，2012年在世界各国就读的中国学生数量超过110万，同年来华留学的国际学生约32.8万人。2014年共有来自203个国家和地区的377054名各类外国留学人员在31个省、自治区、直辖市的775所高校、科研院所和其他教学机构中学习。要实现《留学中国计划》提出的2020年全年来华留学人员达到50万人次、成为亚洲最大留学目的地国家的目标，仍需努力。

总之，第二次世界大战以来特别是20世纪八九十年代以来的高等教育国际化在各个方面都表现得精彩纷呈，可以说其规模和深度都是前所未有的。

综上所述，高等教育国际化古已有之，最开始是基于知识普遍性的观念具有了国际化的特征，后来只是由于世俗权力对宗教权力的控制及民族化运动的兴起而出现了民族化。当今社会由于全球化的发展，高等教育国际化的趋势又显现出来了，可以说是在高等教育传统回归基础上的超越。国际化经历与经验普遍被视为培养大学生及学者国际视野与洞察力的重要途径。在全球化社会中，国际视野与洞察力有助于提升学生与学者的竞争力。在许多国家和地区，国际化已从一种边缘的、非经常性的或者一种特殊的活动转变为更加行政化的、有严密组织的、经过深思熟虑的院校行动计划的组成部分。如今，高等教育国际化在这样一个高速发展的社会里，就是各国之间、各区域之间的文化交融、资源共享、学术互动的发展过程，目的是培养高质量人才。

第四节　我国高等教育国际化的历史沿革

一、古代高等教育国际化的发展

从我国古代对外文化和教育交流的历史来看，科举考试制度和文化典籍等方面的对外影响是深远的。中国古代传统高等教育的对外辐射不仅波及了东南亚地区和国家，对世界文明的进程也产生了重要影响。传播和衍化是我国古代高等教育影响东亚地区和国家的主要形式，最终形成了以汉字教育、庙学制、养士教育、儒学教育为主要特征的"东亚教育圈"。这一时期高等教育国际化的发展可以归纳为以下几点。

首先，对日本的高等教育交流方面，日本早在唐朝时期便向我国派驻使节、留学生与留学僧，让他们主要学习中国的语言文字、典章制度、科学文化以及佛教学说等方面的知识，进行学术文化的交流，这成为我国古代高等教育面向世界、走向世界的一个重要方面。日本政府在这一时期，积极地与我国进行文化交流与学习，曾陆续派出了19次遣唐使，包括留学的学生与僧人。公元717年，日本派出的第8批遣唐使团，人数达到了557人，这里面就包括著名的学者阿倍仲麻吕和吉备真备。通过派遣遣唐使和派遣留学僧人这个渠道，中国的政治制度、教育制度、考试制度、佛教文化、建筑设计以及饮食文化等都源源不断地传播到日本，对日本的社会政治、教育制度、佛学文化、建筑理念和餐饮文化等各个方面产生了全方位的影响。同中国相仿，日本古代的学校教育制度也以养士教育为主要目的，学校是为统治阶级培养官员的场所，学校里面的学生也就成为未来的后备官员人选。所谓养士，就是以士为师友，以发挥智囊团的作用。唐朝时期，日本来华留学人员中最为著名的留学生首推吉备真备和阿倍仲麻吕。吉备真备通过在华18年的留学学习，回国后在大学任教，以六义等中国传统文化为教学内容，最终促进了日本学制的深入改革。阿倍仲麻吕经过在太学的学习和科举考试，成为唐朝正式官员，一生致力于中日文化的交流与中国文化的传播和研究。尽管没有被全面推广，我国的书院制对日本的教育也产生了一定的影响。日本的学者了解书院这一名词是在我国的朱子学和阳明学传入日本之后。江户时代日本的书院的教育内容以汉学为主，分别侧重于朱子学、阳明学和医学等知识的传播。

其次，古代的琉球国、朝鲜半岛和越南等地区也受到了中国古代高等教育制度的辐射和影响。有数据统计，1392年至1579年间，琉球向我国共派出留学生23批，共计80余人；1688年至1873年，该国共派来留学生9批，共计49人。到了明清时期，琉球国曾多次派遣留学生到中国国子监进行语言学习和文化学习。公元327年，高句丽与百济模仿东晋的学制，设立了太学。公元682年，新罗开始仿照唐朝，实行国学制度，设立儒学和技术科，以贵族子弟为主要培养目标群体。公元747年开始，国学改名为大学监。大学监内设有博士和助教，以儒学和算学为教育内容。公元788年，新罗实行科举考试制，考试内容定位于汉文和儒家典籍。与此同时，新罗还派出大量贵族子弟作为留学生到唐朝学习。公元840年，结束学业归国的新罗留学生人数达105人。新罗的中央和地方各个层面的教育都尊崇儒学。元代初年，高丽很多学者从中国将大量程朱理学典籍带回高丽，并作为大学的教学内容，广泛地在高丽传播理学知识。在高丽末期，中国的书院制也开始影响高丽的私学实体教育。朝鲜历史上第一所书院建立于1543年的白云洞书院。1549年开始，该书院被官方认定为与官学的乡学具有同等重要的地位。由于深受朱熹教育学说和相关教育实践层面的影响，各个官学和书院学规和学制方面都效仿朱熹打造的白鹿洞书院，并且确立了书院兼具教育与科研两重职能。在崇奉我国先贤的书院当中，崇奉朱熹的书院有25所，所占比例达到43.8%。公元1070年，越南在京都设立了国子监，以贵族为教育培养对象。1075年，越南首次实行科举制选拔自己的高级管理官员。1156年，越南创立了孔子庙，时至今日，越南河内保存有孔子庙的古迹。除了官学层面和科举制层面之外，中国的私学层面对越南教育的影响也很大，这种影响的实施主体为在越南避居的中国儒家学者和在中国学习的越南学者，他们通常都以师徒传授和学习的形式传播中国儒家学派文化。

最后，在这一时期，中国古代的教育制度和传统文化向外辐射还增加了一个途径，那就是华侨和移民媒介途径。正是通过他们，我国的文化和教育制度开始逐渐传播到爪哇、吕宋、吉隆坡、新加坡等国家和地区。我国的书院制就是以华侨为媒介载体才传播到了美国和新加坡等地。1854年由侨商陈金生在新加坡建立的萃英书院后来成为享有盛名的华文学校。华人学者邓嗣禹于1943年9月在《哈佛亚洲研究学报》发表了《中国对西方考试制度的影响》一文，这篇文章便是以1570年至1870年间伦敦出版的70多部引文著作为史料文献撰写而成的，该文详细论证了中国科举考试制度对西方考试制度的深远影响。根据海外新发现的近50种1870年之前的关于科举的西方论著史料，我国学者刘海峰对科举制度对西方文官考试制度的影响做出了极其充分的论证。

二、近代高等教育国际化的发展

中国近代高等教育国际化发展是在西方列强的坚船利炮下被迫展开的。这个时期可以分为两个阶段：第一阶段是鸦片战争之后到甲午中日战争之前，第二阶段是甲午中日战争之后到新中国成立之前。

（一）鸦片战争之后到甲午中日战争之前

鸦片战争之后，西方列强入侵中国，同时也使中国人睁眼看世界，中国人传统的天朝大国梦开始受到了强烈的冲击。有识之士林则徐和魏源等人开始用世界视角重新审视中国存在的问题，提出了"师夷长技以制夷"的观点，洋务派这个时候把目光转向了列强的坚船利炮，开始了对西方列强先进科学技术的学习，洋务派在进行洋务运动的初始便发觉，翻译、船械制造和海陆军人才的严重匮乏，于是开始积极筹建一大批语言类、技术类和军事类的洋务学堂。19世纪的后半期，我国的高等教育国际化进入了起步期的发展阶段。这一阶段高等教育国际化发展可以总结如下。

第一，在学校教育及管理建设方面，受"西学东渐"思潮的影响，洋务派开始主张设立西式学校，学习西方先进科学技术，派遣中国学生到发达国家进修和学习，为洋务派培养务实的人才。1861年，京师同文馆建立，这是近代中国第一次改变了科举取士的旧教育制度，也是向西方学习迈出的第一步。京师同文馆的教学内容以西学为主，采用班级授课制，大大提高了教学效率。从此之后，洋务学堂纷纷建立。

第二，在培养目标上，洋务学堂的宗旨在于培养维护腐朽的封建制度的管理人员。另一方面，西方先进的政治文明、教育哲学思想和科学技术不可避免地融入了当时的高等教育体系之中。上海"广方言馆"于1863年建立，次年，广州"广方言馆"设立。开设"广方言馆"的目的就在于培养通晓外语的人才。为了顺应历史潮流的发展和肩负起拯救民族危亡的历史使命，相比于中国传统的高等教育，洋务学堂从教育观念、培养目标、教育内容、课程设置和教学方法等方面都深受西方的影响，以更多地学习西方教育模式为主要特征，可以说洋务学堂真正地加快了中国近代高等教育国际化的进程，它将西学引入了中国传统教育之中，从而导致了不占主体地位的西学对中国传统的主体课程结构的冲击和传统教育体制的裂变。外国语言、近代数学、航海、历算、天文测量、兵器制造等西方课程体系和教学内容也被借鉴过来。

第三，在学校课程设计方面，丁韪良于1876年在京师同文馆规划出一个八年的课程计划，即"首年：认字写字、浅解辞句、讲解浅书；二年：讲解浅书、练习文法、翻译条子；三年：讲各国地图、读各国史略、翻译选编；四年：

数理启蒙、代数学、翻译公文；五年：讲求格物、几何原本、平三角弧三角、练习译书；六年：讲求机器、微分积分、航海测算、练习译书；七年：讲求化学、天文测算、万国公法、练习译书；八年：天文测算、地理金石、富国策、练习译书"。以京师大学堂的课程设置为例进行说明，它的课程分为两大类，那就是溥通学和专门学。所谓溥通学，指的就是我们常说的基础课。专门学就是今天的必修课，专门学的学习是在学生修完溥通学之后进行的，选择其中的一到二门进行学习。溥通学的教学内容包括初级格致学、初级算学、文学、初级地理学、理学、经学、诸子学、体操学和中外掌故学。外语方面，开设有英、法、德、日、俄五门外语，20岁以下的学生可任选一种外语进行学习。专门学的教学内容包括高等政治学（法律学归属于本学科）、高等算学、工程学、商学、农学、兵学、高等地理学（测绘学归属于本学科）、矿学、卫生学（医学归属于本学科）和高等格致学。

第四，在出国留学教育方面，由容闳倡议，曾国藩、李鸿章从中斡旋以及清政府的支持下，1872年中国正式派遣留学生赴美留学。1872到1875年的3年间，清政府共派了120名幼童赴美学习，学习包括步算、军政、制造诸学和船政等内容。日俄战争结束后，获胜方的日本成为我国学习的对象，国内迅速出现了一股留学日本的热潮。有关数据统计表明，1904年留学日本的中国学生为1300人，1905年便剧增至8000人，1906年留学日本的人数仍居高不下。截至1911年，赴日本留学的中国学生总计达到了38307人。

第五，在教育宗旨方面，清政府于1904年颁布了《奏定学堂章程》，该章程第一次明确了全国统一的教育宗旨，实际上，《奏定学堂章程》是以仿照日本的教育体制为基础，同时也间接地学习了西方教育经验而形成的。1905年，科举制被废除，这为更好地学习西方教育进一步扫清了障碍。

（二）甲午中日战争之后到新中国成立之前

甲午战争之后，中国高等教育国际化的发展受到了甲午中日战争中因中国惨败而引发的割地赔款和割地危机的严重影响，中国从此坠入了半殖民地半封建社会的深渊。中国政府在这一特殊的时期希望能够通过学习西方高等教育先进的理念来为自身培养拯救民族危亡的实用性人才，但该时期高等教育的课程设置带有明显的日本移植痕迹，于是教育学、政治学、哲学、经济学、法学和心理学等西方近代社会科学的各个门类的教科书都是通过从日本引进并且翻译的方式进入中国近代大学课堂的。学术界的研究者通常把这一时期认定为是我国近代高等教育在教学内容和课程体系方面学习和移植的第一个高潮。

1911年辛亥革命结束后，"中华民国"随即建立。为了满足新兴资产阶级接受教育和发展教育的需要，具有进步思想的学者开始到西方认真地考察西方的教育制度和教育经验，认真地学习发达国家的高等教育成果，并把所学到的理论知识在结合本国实际之后，应用到教育实践中去。严格意义上讲，中国这一时期的高等教育已不是单纯地借鉴和移植西方模式，而是进入了不断地探索适应本民族、本国发展路径的重要时期。时任北京大学校长蔡元培曾多次到欧洲进行实地考察，依照西方大学模式对封建气息浓厚的北京大学进行了全新的改造和发展，赋予了北京大学民主、自由、科学的教育精神。

甲午中日战争之后到新中国成立之前这一阶段高等教育国际化的发展可以总结如下。

首先，在学校课程设置层面，《大学规程》于民国初年出台，该规程所列课程科目总数比清末颁布的《癸卯学制》所规定的科目要多出300门。专科学校课程也相当于清末相应学堂科目的2至3倍。

其次，在学校管理机制层面，1927年6月，国民政府接纳了蔡元培和李石曾的提议，仿照法国教育行政制度，在中央设立了作为全国最高的学术和教育管理机构的"中华民国"大学院，地方试行大学区，从此，民国以来中央政府设教育部、各省设教育厅的教育行政建制被取代。同年10月，"中华民国"大学院成立，蔡元培为首任大学院长。大学院设大学委员会，下设高等教育、社会教育、普通教育、文化事业及若干委员会和直属学术机构。

最后，在出国留学层面，1908年，美国国会做出决议，决定将庚子赔款剩余部分退还中国，将这笔款项作为中国向美国派遣留学生进入美国各大学深造的专用款项，这一举动的幕后实质就是培养中国未来的亲美人才。根据中美双方的商定，自退换赔款之日起的前四年，每年中国派遣约100名学生赴美学习。从第五年起，每年至少续派50名中国学生赴美学习。

与此同时，美国还在北京设立了作为留美预科的清华学堂，招收和培养品学兼优的中学毕业生，全部教育实行公费。受到美国的这一政策吸引，中国的学生开始源源不断地赴美留学。第一批庚子赔款留美招考学生于1909年7月赴美学习。1909年至1925年的十多年间，中国派出的赴美国各大学深造的学生人数总计1031名。受这一政策的影响，中国学生留学的重心在留学国家的选择上从日本转向了美国。根据1930年第二次全国教育的会议决议，国民政府教育部于1933年4月制定了《国外留学规程》，该规程总计四十六条。这一规程将留学教育定位为"派赴国外研究专门学术"的高层次。教育部于1944年12月举办英美奖学金研究生和实习生考试，共录取209名学生，于次年4月陆续赴美学习。1921年10月，作为我国在海外设立的第一所大学，里昂中法大学正式开学，学校规模虽小，但它的建立却促进了中法两国的教育交流。

三、新中国成立后至今高等教育国际化的发展

1949年新中国成立后，我国的高等教育开始以为社会主义建设培养新型人才为培养宗旨。新中国在教育改革中主要是借鉴苏联制度化的高等教育经验，我国从教育体制到高等教育的办学模式，乃至课程结构的设置方面都仿照苏联模式。新中国成立之后，党中央确定了我国按照苏联模式重建教育制度的发展方向，对高等教育进行了大规模的改革和重建。这一时期，高等教育国际化发展可以分为两个阶段：第一阶段为新中国成立初期到1965年，第二阶段为1966年到改革开放之前。

（一）新中国成立初期到1966年之前

1952年开始，我国教育事业进入压缩和整顿阶段。这一时期我国主要是向苏联学习，并且仿照苏联模式建立中央高等教育管理部门和建设高校。中央设立的高等教育部开始了对高校的教学计划与课程设置进行集中式地统一管理。高校的建立开始以服务经济及社会发展为导向。人民大学的建立旨在为国家的社会主义建设培养高层次建设和管理人才。哈尔滨工业大学则以为国家培养高层次理工类人才为培养目标。这两所高校的苏化模式发展也影响到了其他高校的教育，各高校纷纷开始引进苏联教育专家讲学、使用苏联的教学计划和大纲。我国1952年的院系调整也是模仿苏联高校的专业及院系设置，国内大部分的综合性高校被取消，技术和专业教育被大力推广。我国的高等教育开始摆脱半封建半殖民地的属性，向社会主义属性的高等教育转变。1953年院系调整结束之后，工科院校由原来的18所增加为38所，工科学生由1949年的3万人增加到1953年的8万人，所占在校生的比例由26.2%增加到了37.7%。师范院校由1949年的12所变为1953年的37所，占全国高校的比例由原来的10.3%增加至18.8%。

国家在这一时期对于教育的新定位是让教育服务于经济建设，首先要服务于工业化的发展。全方位地效仿苏联教育模式使得中国科学院成了独立于高校体制之外的专门性科研机构核心，这样便导致了我国高校自身的科研职能层面被限制甚至被取消。科研职能从此远离了高校，高校孤独地作为教学机构而存在着。

从1952年到1956年的四年间，我国共翻译和出版了苏联高校教材总计1393种。与苏联的高等教育交流包括引进苏联教育理论，有组织地翻译苏联

教材、教学大纲和教学计划，聘请苏联专家，互派留学生和教育代表团等。不可否认，对苏联模式的学习和移植，在短时期内的确为新中国建设的成功做出了重要贡献。

单一地学习苏联经验和模式却忽视了我国社会的具体现实。这种盲目性学习和移植的弊端也日益暴露。苏联的高等教育模式与我国大学的办学自主性高度集中的管理体制违背了大学的传统精神。学科之间的过渡分化、专业面和知识面过于狭窄，使得培养出来的人才无法全面地发展，缺乏能力上的灵活性，这些都与教育的培养宗旨相悖。外语教学方面，单纯地学习俄语而放弃其他语种的学习和教学，特别是丢失了我国英语较好的优良传统，这在很大程度上是把自我封闭起来，切断了对外合作和交流的路径。

1956 年和 1962 年，我国针对科技发展领域，分别制定了 12 年远景规划和 10 年远景规划。在规划中重点强调了发展军事和与重工业相关的科技。这一时期，我国除了与苏联在高等教育层面存在交流之外，还与世界其他的社会主义国家展开了高等教育相关领域的合作和交流，主要采取互派教育访问团、高校教师的互访等形式。以 1950 年为例，中国政府第一次派出 35 名学生远赴罗马尼亚、波兰、捷克斯洛伐克、匈牙利和保加利亚学习当地的语言、历史和文化。

（二）1966 年到改革开放之前

20 世纪 70 年代以前我国高等教育国际化的发展几乎全面受知识的内在追求支配。学者和学生的跨国流动主要基于对个人追求学问和传播知识的动机，是一种私人性质的活动，而且大多情况下是自发行为。该时期我国与世界上其他社会主义国家开始了以教育互访为形式的浅层面交流。学者和学生的跨国流动，不论是非官方的或是官方的，其交流的规模都不大而且形式单一。跨国流动的区域范围不大，主要基于同质文化圈内进行。我国高等教育模式主要借鉴了苏联模式，在早期取得了一定的成绩之后，随着历史的发展，苏联模式已经不再适应我国经济社会的发展现状。随即而来的文化浩劫使得我国高等教育国际化发展的进程暂时中断，这也留给了我国高等教育国际化的后期发展空间，新的发展进程开始酝酿。

（三）改革开放到 20 世纪末期

1978 年党的十一届三中全会召开以后，我国高等教育国际化终于迎来了快速发展的机遇。改革开放之后，国家把发展的重点放在了高校的建设和发展上，邓小平同志更是提出了"教育要面向现代化，面向世界，面向未来"的重要指示。与此同时，中国开始建立社会主义市场经济体制，实施经济体制改革，市场经济的核心环节在于建立竞争机制。在世界经济全球化和一体化的背景下，这种竞争本身就带有国际化的属性，这就要求作为参与市场竞争主体的人才要具有广阔的国际视角和完善的国际化的知识结构。

鉴于此原因，对于绝大多数的中国的高校来说，推进我国社会发展的首要任务便是培养能够应对国际化所带来的挑战的高级专门人才。经济体制的改革和发展带动了教育领域内的改革和发展。高校办学自主权的逐渐扩大使得高校与生产、科研以及社会其他层面的联系不断增强，这既为高校在市场经济中的发展与进步奠定了坚实的基础，又为高等教育体制的改革奠定了夯实的基础。高校办学自主权不断扩大使得高校与国际学术界的校际联系、交流和合作活动变得日益频繁，从这个意义上来讲，高校成了推动我国高等教育国际化的重要载体。

这一时期高等教育国际化发展情况可以总结如下。

第一，在我国高等教育国际化发展的宏观政策和法规制定层面，1985年5月27日发布的《中共中央关于教育体制改革的决定》指出："要通过各种可能的途径，加强对外交流，使我们的教育事业建立在世界文明成果的基础之上。"20世纪90年代，我国高等教育国际化进入了发展的首个高潮期。1993年2月13日出台的《中国教育改革和发展纲要》强调指出："进一步扩大教育对外开放，加强国际交流与合作。大胆吸收和借鉴世界各国发展和管理教育成功经验。"《中华人民共和国教育法》于1995年3月18日审议通过，该教育法用专章规范了教育的对外交流与合作，较详细地谈及了有关教育国际化方面的态度、方式、方法等问题。教育部于1998年12月24日颁布了《面向21世纪教育振兴行动计划》，该计划的第十六条明确提出，要"加强国际学术交流。除继续派遣短期学者外，选拔高级访问学者，针对性地到国外一流大学进行研修交流。邀请海外知名学者来华进行短期讲学和研究，鼓励留学人员回国服务"。这些政策和法规都有利地将我国高等教育国际交流与合作的措施和目标实现了制度化、效率化和规范化的发展。

第二，在出国留学培养层面，1986年，国务院对于国家教委起草的《关于出国留学人员工作的若干暂行规定》给予了批示和通过，这使得我国高等教育国际化发展在学员流动层面被激活。教育部于1978年8月4日发布了《关于增选出国留学生的通知》，该通知做出决定，从1980年开始每年派3000人出国留学，从此开启了一个全新的留学生教育时代。1984年，国务院又出台了《关于自费出国留学的暂行规定》，对自费留学进行规范的同时，也为自费留学提供了政策保障。留学生政策开始由国家公费派出留学到允许单位派出，进而鼓励了自费留学，并把自费留学定位为贯彻改革开放、引进国外智力的一个重要方面。《关于出国留学人员工作的若干暂时规定》于1986年颁布，该规定提出了"按需派遣、保证质量、学用一致"的留学生派遣的基本方针。1992年8月，国务院又出台了《关于在外留学人员有关问题的通知》，进一步提出了"支持留学，鼓励回国，来去自由"的新方针。

第三，在留学生培养方面，1972年到1978年年底的6年中，我国共接收留学生2498人，年均不到417人。改革开放以来，派遣来华留学的国家数目不断增加。1979年1月，教育部和外交部等有关部门联合召开了外国留学生工作会议，会上确立了接收外国留学生的十六字方针，就是"坚持标准，择优录取，创造条件，逐步增加"。此次会议之后，我国接收外国留学生的规模迅速扩大，接收程序也越来越规范。有关数据统计表明，1996年我国接收留学生共计41211人，一跃成为世界接收外国留学生最多的八个国家之一。

第四，在合作办学层面，20世纪80年代末期和90年代初期，中外双方在我国境内、外合作建立的办学机构逐渐增多。比较典型的合作办学项目为1898年美国俄克拉荷马城市大学与我国天津财经大学合作的工商行政管理硕士项目，这个项目也成为第一个被我国官方批准授予外国学位的中外联合办学项目。1993年，为加强对外合作办学的规范管理，我国政府出台了《关于境外机构和个人来华合作办学问题的通知》。《中外合作办学暂行规定》于1995年颁布并且实施。至此，中外合作办学走上了规范且迅速发展的道路。1996年，《关于加强中外合作办学活动中学位授予管理的通知》由国务院的学位委员会办公室出台，该规定不仅对我国境内中外合作办学机构给学生授予中国学位和国外学位进行了严格规定，并且对中国教育机构在境外办学授予中国学位也进行了相关规定，这一规定为《中外合作办学暂行规定》提供了内容上的重要补充。

第五，我国高等教育国际化的发展呈现多样化的交流与合作层面。

1982年至1985年间，我国举办的教育国际会议共计47次。国家教委直属高校和单位仅在1995年就派出专家1938人，共计出席56个国际会议，参会人员中具有高级职称的人数达到了84.5%。1985年，我国开始了对外国研究生的招收与培养工作。1985年至1986年间，教委直属高校聘任外国学者、教授60多名，他们成为我国高校的客座教授。1979年，中美建交之初，邓小平同志便与时任美国总统卡特签署了《中华人民共和国政府和美利坚合众国政府教育交流合作协定》，并在后来的相关议定书内规定了两国教育合作的内容、原则与范围。1980年开始，我国教育部开始与日本的国际交流基金合作，旨在利用该基金为我国大学日语专业的教师进行培养。1993年，中德双方在科尔总理访华期间续签了《文化交流计划》，并签署了政府间协议，允许德意志学术交流中心在我国设立办事处。

由此可见，20世纪80年代以来，我国高等教育国际化发展的主动性增强，人员的流动的指向开始逐渐由"单向"转向相对对等和均衡的"双向"。经济因素和政治因素开始逐渐成为推动高等教育国际发展的根本力量。我国高等教育的国际化发展涉及层面变宽，从政策法规导向支持到留学生培养教育和中外合作办学，以及到各种形式的中外交流与合作。我国高等教育中外合作办学从80年代带有扶持性质而且谋求中国市场长远利益的合作，发展到90年代的采取审慎态度以及以我为主的依法管理层面，这一切都表明，我国高等教育层面的合作办学由限制开放向慎重开放的巨大转变。

（四）21世纪以来高等教育国际化的发展

进入21世纪之后，我国高等教育国际化开始向纵深方向发展，特别是开始了步入特色化的高等教育中外合作办学之路。这种路径实施是以规范性的政策法规为指导的，全力推进高等教育国际化发展进程。

2001年12月，中国正式加入世界贸易组织之后，在教育领域尤其是高等教育领域里面，我国之前的《中外合作办学暂行规定》中的一些条款与我国加入世贸组织时的承诺出现了不一致的地方。对这一系列的问题，我国政府组织了相关专家和工作人员研究了以往中外办学政策法规，于2003年5月制定并出台了《中华人民共和国中外合作办学条例》，共计八章六十四条款，分别从总则、设立、组织与管理、教育教学、资产与财务、法律责任和附则方面明确了我国支持和倡导的国际合作办学方向、层次以及开展领域。该规定也成为我国历史上第一部关于中外合作办学的行政性法规。2004年，教育部出台了《中华人民共和国中外合作办学条例》，与此同时停止执行1995年制定的《中外合作办学暂行规定》。新的实施办法主要是针对中外合作办学的项目与机构的设置条件、招生规模、收费标准以及办学质量等方面提供政策规范的，是对《中华人民共和国中外合作办学条例》在配套政策上进行的可细化性操作。我国中外合作办学的监管信息平台于2008年试运行，这一平台是在借鉴和学习了教育涉外监管信息网络针对加强自费出国学习监管工作的典型做法之后，开始着手设计和开发的。这个平台全程地实现对中外合作办学起点、办学过程、证书发放等环节进行动态监管。作为该监管信息平台的一部分，颁发境外学位和学历认证工作主要分三个环节进行：一是办学实体提交颁发证书的认证信息；二是学生发出认证申请；三是学生在申请认证注册账号后查询。这些措施都表明，通过信息的全面发布，在政府服务社会和管理社会职能的发挥下，政府主管部门、社会参与力量和学生共同致力于监管管理的模式日益形成。中外合作办学公开和透明的科技化行政办公保证了受教育公民的参与权、知情权、监督权和管理权。无论是中外合作办学的评估，还是中外合作办学政策的调整，都体现了中国特色的渐进式改革模式。

第二章 高等教育国际化的背景及趋势

创新和传播知识与技能是各国高等教育的共同任务，历来超越国界。因此，高等教育国际化并非新的现象。20世纪80年代中期，尤其是90年代以来，新一轮高等教育国际化浪潮的兴起，具有鲜明的时代特点，其来势之猛，拉力和推力之大，其发展前景和对高等教育，对各国经济与社会发展的影响，皆史无前例。本章对高等教育国际化的背景及趋势进行分析，探究高等教育国际化发展的主要动因及其发展的必然性。

第一节 高等教育国际化的背景分析

高等教育国际化已日益成为当今世界高等教育发展的潮流。在整个世界日趋走向一体化的当代，应把高等教育国际化放入大市场、大变革、大创新、大兼容的国际视野中，从经济、政治、科技、文化等领域对其形成的世界背景更富深度地去进行全面的分析与认识，为中国高等教育制定加快国际化进程的对策提供理论依据与参考。

一、大市场

经济全球化必然导致高等教育国际化，所谓经济全球化，简言之，即指资本带着技术流动到全世界各个角落，去寻找成本最低、最适合它发展的地方，以谋取更高的利润。不言而喻，当今世界正处在一个开放的全球经济的时代，随着资本与技术在全世界的流动，各国之间在经济上的相互交往、相互渗透、相互依赖以及相互协作的进程将日益扩大和深化。由此可见，加速发展的全球化的经济正在铸就一个全球化的大市场，而全球化的大市场必然直接导致高等教育国际化。这是因为，21世纪的经济是建立在知识的生产、传播和应用基础上的经济，是以高技术产业为支柱的知识经济。作为一种新的经济形态，知识经济比以往的任何经济都更需要高等教育的强有力地支撑、介入，甚至融为一体。可见，高等教育不仅是知识经济发展的直接基础，而且是其赖以发展的不竭动力。因此，经济全球化及其正在铸就的全球化的大市场，说到底，是知识经济的全球化，是资本与技术的市场化，其本质是高等教育的国际化。

二、大变革

政治多极化强烈要求高等教育国际化，当今世界是一个政治多极化的世界。因此，在全球大市场的力量整合与规范各国经济生活的同时，当代国际政治的改组和转型也在加速进行。需要指出的是，一体化的全球经济已经使人类传统的政治观念产生动摇，国家与民族在国际生活中的行为方式也在发生改变。应该看到，在当今多极政治的大变革中，各种国际组织与非政府力量正在越来越多地发挥着超国家的作用。它表明，一种规范全人类国际活动的国际社会的新的政治文明正在形成。应该看到，国际社会的新的政治文明逐渐取代传统的政治观念，标志着人类文明进入了新的历史时代，而这个新的历史时代强烈地扩张着对于高等教育国际化的需求。这是因为，起源于欧洲中世纪的高等教育，从它诞生的那天起，就肩负着时代赋予的使命。在历经沧桑之后，高等教育已成为影响人类生存、促进时代进步的重要力量。今天，面对政治多极化的国际社会，高等教育将又一次担负起时代的重托。因此，对于国际社会的新的政治文明而言，高等教育国际化不仅必要，而且必须。

三、大创新

科技信息化加速推动高等教育国际化。邓小平指出，21世纪是高科技发展的世纪。作为第一生产力的科学技术，在新的世纪里比在人类存在的以往任何时期都将发挥更多更大的作用。随着国际电脑网络、电子邮件等电子传媒的出现，地球变得越来越小，时空已不再是障碍，信息高速公路在世界范围内四通八达。很明显，整个世界已日益成为一个密集的网络。而以高科技为底蕴的网络科技，又在每时每刻、每分每秒潮水般地传递着来自世界各地的各式各样的最新信息，直接影响着全球网络经济、网络政治、网络文化的创新与发展。很显然，在转瞬成为过去的信息化时代，创新是这个时代的主要特征。伴随着人类生活的维系从对物的依赖转向对科技创新的依赖，面对世界各国抢占21世纪教育制高点及争夺创新人才的严酷现实，高等教育国际化愈来愈被人创新的时代凸显。这是因为，现代信息技术是当今世界高新技术的主导和灵魂，就其发展趋势来看，科技信息化将会从时间与空间上大大缩短高等教育国际化的进程。

四、大兼容

众所周知,文化是具有历史性和民族性的,文化传统是在历史中形成并在历史发展过程中发展的。世界各民族文化发展的实践证明,不同质的文化之间的交流、融合乃至碰撞与冲突,是文化运行与发展的根本规律。一个民族的文化也只有在与外来文化或汲取,或扬弃,或融合,或冲击的不断对话中,才能实现自身的更新与超越。当今的世界正是一个文化多元化的大兼容的世界。世界各民族的文化在价值理念、伦理道德、思维方式、生活习惯、审美情趣等的对峙与趋同、冲突与融合中发生剧变,一种达成人类共识的追求和谐发展的新文化,即新人文主义文化,已在新的国际化生活中逐渐形成。对于这种新人文主义文化的形成与发展,高等教育国际化不但是其中的一种原因,也是一种结果。这是因为,作为承接这种新人文主义文化的重要载体,高等教育国际化不但是其产生的条件和发展的动力,而且是世界各民族的文化由民族文化走向新人文主义文化的桥梁。

第二节 高等教育国际化的趋势分析

近年来,各国都对加强高等教育国际交流高度重视,越来越多的政府都把高等教育国际化作为本国发展高等教育的一项战略方针。国际竞争的加剧和信息技术的广泛应用,为高等教育国际化提供了动力和新的渠道,由此出现了一些值得注意的新趋势。

一、合作办学的潜力正在显现

发达国家和一些发展中国家认为,高等教育也是一种产业和商品,也可以"出口"。发达国家借此解决其学额过剩,弥补经费不足,同时,宣扬其教育制度、文化和价值观;发展中国家则认为这是借鉴发达国家办学经验,促进本国高等教育国际化的捷径,既可节省派送大量学生出国所需要的外汇,又可因学生身在本国少受西方文化和价值观的影响。一些西方著名高校增设专人,甚至专门机构,拓展海外课程,建立海外分校。一些发展中国家,如泰国、马来西亚,则放宽限制,积极探索利用这种形式,促进本国高等教育国际化。在马来西亚400所私立高校中,2/3左右采取与国外对口学校合作办学的形式,以提高教学质量与名声,争取学位得到认可。威杰·斯瑞沙安博士(泰国前大学部常务副部长)在泰国政府支持下,创办了苏拉那瑞工业大学,并与加拿大四所大学组成了高校集团,合办课程、学分相通,师生按协议流动,学生文凭和学位获得泰、加两国承认,使这所最年轻的大学在五六年内成为泰国大学中的佼佼者。合作办学的潜力正在显现,势头方兴未艾。

二、信息交流技术初露锋芒

随着信息交流技术越来越广泛的应用,信息社会的到来和学习社会的形成,学校与学校之间,学校教育和社会教育之间,不同地区和国家之间教育的网络化,将对各国高等教育国际化产生目前尚难以估量的影响。现在,一些发达国家在网上提供学位课程,如 MBA 学位课程,已是司空见惯。国际筹划提供虚拟课程,建立地区、次地区的国际性虚拟大学,已被越来越多的政府和组织提上日程。由亚太地区大学协会成立并得到联合国教科文组织亚太办事处支持的亚太地区远距离和多媒体教育委员会(APDMEN),由 10 个国家的 16 所大学组成,其正在筹划提供虚拟课程方面的合作,并已得到日本电报电话公司(NTT)的支持,可免费利用其通信卫星一年,在日本与其他 4 个国家之间进行试验。为了实现网络上多种语言通用互译,保持网络上的语言和文化的多样化,设在东京的联合国大学正在进行一项以此为目的的研究。世界银行已委托美国教育科学研究院完成一项远距离教育的可行性研究,考虑多种方案,在 40 个国家中建立 441 处多媒体学习中心,并联网。1993 年成立的由全球 270 多所大学和学院参加的全球网络学院提供 1 万门以上课程,每天有 1.1 万人次访问其网址。无疑,这些教育内容、教育方式、收益的范围、合作的主体都是超越国界的,是国际性的。

三、地区和国际的推动日渐活跃

高等教育国际交流,诸如人员流动、课程结构与内容调整、学分与学位承认、经费支持等,如果没有本国政府的有力支持,则会寸步难行;同样,没有地区一级和有关国际机构的推动与协调,也将步履艰难。正是在这一背景下,近年来出现的地区级和国际的各种各样的合作计划、学会如雨后春笋涌现出来。

欧洲各国大学虽彼此近在咫尺,但由于历史、文化与制度各异,自治制度根深蒂固,加上近年来经费紧张,高等教育国际化同样并非易事。自 20 世纪 80 年代中期以来,欧洲西部高等教育国际化之所以能在诸多方面引领世界潮流,同它存在于一个强大的欧共体即现在的欧盟以及它的大力推动和协调是分不开的。众所周知,自 1987 年开始实施"欧洲学生流动计划"以来,已有 20 万学生以及 1.5 万名教师参与了交流,1500 多所高校参与了 2500 个以上的国际合作项目。相配套的还有加强外语教学,促进高校与企业界合作,同欧洲中部、东部高校合作,同拉美高校合作的行动计划。欧盟成立后,在总结前述计划的基础上，制定了新的行动计划，将国际化从高校扩大到中小学，并制定了中小学生交流计划。1997年4月11日，30个欧洲国家及美国，在欧洲已有的4个承认学历、文凭、大学入学资格公约的基础上，在联合国教科文组织的推动下，签署了新的欧洲地区承认的高等教育学历公约。各国还相继成立了收集信息，对外国学历与证书进行评估，负责执行公约方面的国际交流的专门的政府或非政府机构。

促进高等教育国际化是联合国教科文组织高等教育计划的重点之一。除了通过其领衔发起并已有120多个国家签署批准的6个地区承认的学位公约及成立的相应的6个地区委员会，积极推动各国高校相互了解和承认学位外，近年来，联合国教科文组织投注全力，根据会员国大学的要求，建立和支持姊妹大学网络和联合国教科文组织的活动。目前已有80个国家的750所大学参与其中，有力地促进了南北之间和南南之间的合作，增强了发展中国家举办和管理高校的能力，加快了新的知识和技术向发展中国家的传播，防止其人才进一步流失，受到了会员国的欢迎。在联合国教科文组织召开的有关高等教育较重要的地区和国际会议上，高等教育国际化几乎成了永恒的主题。

四、进一步提升我国高等教育的国际竞争力

国际权威的竞争力评价主要是指国际竞争力的强弱。因此，增强我国的国际竞争力，其前提是各行各业首先要提升自己的国际竞争力。而对于高等教育来说，要提升自己的国际竞争力和增强国家的国际竞争力，首先要解决的一个问题，就是要通过改革和发展，进一步扩大高等教育人才培养的数量和提高人才培养的质量。

近年来，我国高等教育经过连续扩招，规模不断壮大，在校生人数从1998年的623万人发展到2017年的3000多万人。

但从高等教育国际竞争力的角度来看，与世界其他国家相比，我们这个"大国"还不够大。我国高等教育质量与发达国家还有一定差距。因此，要提升我国高等教育的国际竞争力，最基本的问题仍然是要进一步发展高等教育，不断扩大人才培养规模，使更多的国民能接受高等教育，从而达到提升国民素质的目的。在这个过程中，从整体看，高等教育发展的重心是要适当下移，要大力发展高等职业教育和民办高等教育，充分利用现代教育技术开展远程高等教育，促进我国高等教育大众化的早日实现。

高等教育发展的基础是规模，但其核心是质量。这是一个问题的两个方面。没有数量的扩张就谈不上发展，但没有质量保证的发展就只能是一种缺乏效益的发展。我国高等教育在发展的过程中，应始终把人才培养质量问题

作为核心问题来考虑。从未来社会经济和科学技术发展对高等教育人才需求的基本趋势及其质量标准看，人才的素质越来越成为人们关注的焦点。人才的素质在当前的市场经济背景下显得尤为重要。它主要涉及道德意识、政治倾向、人文关怀、团队精神、社会认同感和责任感等。从知识的角度看，相对完整的知识体系或知识结构是衡量人才质量的主要标准，没有合理的知识结构，就不可能使人才的各种潜能得到充分的发挥和综合素质水平不断提高。而人才质量的核心之一，就是人才创新意识、创新思维和创新能力。这是一切发展的基础和动力，既关系到国家和民族的未来，又关系到人才自身的未来。在21世纪，人才培养质量会是社会衡量高等教育价值的主要尺度，构成了高校存在与发展的生命线，也是高等教育国际竞争力强弱的重要标志。

从满足国家参与国际激烈竞争急需的角度来看，高等教育要突出如下两类人才的培养：一类是跟踪现代科学技术发展和直接参与科技竞争的信息科学、生命科学、新材料科学等高新技术类专门人才；一类是我国入世后日显迫切的高层次、国际化经贸、金融、保险、法律类专门人才。由于第一类人才的培养涉及科学技术发展的前沿理论、实践设备与经验、成果转化等一系列问题，因此，在其培养过程中，要采取一定的特殊政策给予扶持，加大经费投入，加强国际合作，进一步调整、改革学科专业结构和人才培养模式，加快其发展速度，力求在培养数量上成为世界大国，在培养质量上成为世界强国。而第二类人才并不是一般意义上的专门人才，而是具有国际意识和文化视野，知识结构合理，精通一至二门外国语言，熟悉世界贸易组织（WTO）的游戏规则和有关典型案例，具有较强的开拓、竞争和合作能力，能够在国际机构、跨国公司或企业工作，并能够融洽地与异体文化者共事的金融、经贸、管理和法律高层复合型人才。在科学研究方面，高校要在进一步加强基础理论研究的同时，加强应用性研究和科研成果转化工作。要强调原创性研究，要结合社会经济发展需要开展应用研究，要加大力度将科学研究成果迅速转化为生产力，促进我国社会经济的发展，从而达到增强我国综合国力和国际竞争力的目的。

与此同时，我国高等教育必须适应世界高等教育国际化的趋势，直接参与世界范围的高等教育竞争。经济全球化的结果之一就是高等教育的国际化，而我国加入WTO，就意味着我们对这种国际化的承认、参与和竞争。从WTO有关服务贸易协议的具体内容看，高等教育服务是其中的主要内容之一。它包括：允许外国教育机构在所在国颁发学位证书或学历证明；鼓励成员国之间相互承认学历证书和学历证明；支持专业人才流动，取消政府对教育市场的垄断和鼓励所有成员国到海外办学等。我国高等教育在这个大背景中将直接参与竞争,实际上就是如何通过改革、发展和进一步开放,积极创造条件,在激烈的国际竞争中占有更大的国际市场份额,争取更多的国际资源的问题。具体来讲,就是要加强高等教育输出,直接到国外开办高等教育机构,加强国际合作与交流,争取更多的境外学生来华留学和吸引更多的境外资金为我国服务,不断提高我国高等教育的声誉、地位以及在处理有关国际事务方面的影响力和优势等。

第三节 高等教育国际化发展的主要动因

高等教育国际化有着深刻的政治、经济和文化背景,是世界高等教育发展的一种不可逆转的客观趋势。通过审视高等教育国际化的发展历史,尤其是现在的发展状况,我们不难看出正是以下几种力量在推动高等教育国际化的过程中发挥了重要作用。

一、政治因素

大学与社会的关系历来是高等教育争论的焦点。在过去几百年里,学院和大学已经成为其所在社会不可分割的一部分。正如管理学大师德鲁克所言:"大学现在不仅是美国教育的中心,而且是美国生活的中心,它仅次于政府成为社会的主要服务者和社会变革的主要工具。"正因如此,高等教育国际化被作为一种工具向外渗透和传播本国的政治观念。

第二次世界大战以来,政府与大学的关系已经难解难分,一方面政府需要大学提供科研和公共服务,另一方面大学也需要政府给予经费和政策保障。二者的密切关系使政府在处理国际事务时,常常将大学作为其外交战略的一张王牌。政治动因对大学国际化的推动突出地表现在冷战时期。美苏两个超级大国,为巩固自己的阵营不遗余力地向第三世界国家进行包括高等教育在内的文化输出。典型的是新中国成立后,苏联对中国高等教育的影响。在苏联的影响下,20世纪50年代,中国进行了轰轰烈烈的"院系调整",大学的专业设置、课程内容等几乎都以苏联为模板。时至今日,人们仍可以感到当时的院系调整是怎样使许多大学失去了由历史积淀而来的体现于课程设置中的精神气质的。

高等教育国际化也体现在吸引第三世界国家的留学生和学者方面。由于在工业化国家接受训练,学生适应了"东道国"的教育体制、知识倾向、科研方法以及工作习惯和职业前景,归国后的学生和学者常常会秉持"东道国"的高等教育理念,并依照"国际"标准打造本国的高等教育。由冷战时期形成的争夺霸权和文化渗透，至今影响着国际高等教育。此种动力，已经成为高等教育国际化的一个重要的政治维度。美国的领袖地位还依赖于同那些在未来将领导其国家的政治、文化和经济发展的人士建立联系。一贯而协调的国际教育战略将帮助美国满足如下的双重挑战：即使我们的公民为一种全球的环境做好准备，又继续吸引和教育来自国外的未来的领袖。这种政治作用促使一些大国更热衷于国际化教育。

二、经济因素

经济是社会结构的基础，对整个社会包括教育的发展起着决定性作用。随着社会经济的高速发展，其为教育提供的物质条件越来越雄厚，对教育的要求也会越来越高，进而要求教育做出适当的变化以适应新的经济发展的要求。反过来，教育的生产性又决定了教育，尤其决定了为社会发展培养高级专门人才的高等教育，对社会经济发展起着积极的促进作用。经济因素对高等教育国际化影响主要表现在以下两个方面。

（一）经济全球化促进高等教育国际交流

20世纪80年代后期开始，经济全球化的浪潮波及包括教育在内的众多领域。比利时根特大学旺达姆教授对经济全球化的影响进行了深刻剖析，他认为：全球化和向知识社会的转换，对大学这一知识中心产生了新的需求和紧迫感；世界范围内对高等教育的需求显著增长；较之于其他，全球化和国际化对大学影响深远的是国家法规和政策受到破坏；全球化明显的表现之一是无边界、跨国界的高等教育市场的出现。高等教育国际化在以知识为基础的世界经济竞争中提供人才与科技优势，成为制胜源泉和长期保持国际竞争力的因素。经济全球化在加强各国之间在教育资源方面交流的同时，也迫使各国教育市场面向全球开放，所以说高等教育国际化是应经济全球化而生的，是世界经济一体化进程的必然产物。

经济全球化要求教育也应全球化、国际化，从而要求在经济建设中，以人才培养为主要场所的高校，培养出不仅具备专业知识和技能，还需要了解国际经济和社会的规则，了解外国历史、文化和风俗习惯等的高素质人才。显然，光靠一个国家高等教育的努力是不够的，这就要求高校的教师、学生和技术人员突破观念和文化差异的障碍，将科研、学术等引出国门，引向世界，加强国际交流与合作，通过合作办学、留学生教育等多种形式和手段，发挥各国高校间联合的职能。

近年来，我国沿海发达地区更是掀起中外合作办学的热潮。2014年3月

31日，教育部正式批准设立温州肯恩大学，标志着浙江第一所中美合作大学的正式设立，秋季迎来首批204名新生入学；教育部正式批准武汉大学和美国杜克大学合作设立昆山杜克大学，2014年秋季招生，首批开设全球健康、医学物理学和管理学3个颁发美国杜克大学学位的硕士研究生项目，总计划招生100人，平均一个硕士项目仅在全球招收30多名学生。目标生源50%来自中国，50%为国际学生。2014年3月8日，教育部正式批准香港中文大学在深圳开设分校。

经济全球化对发达国家和发展中国家的高等教育国际化产生的影响和作用有着很大的不同。对发达国家的高等教育来说，积极作用表现在：通过大量向国外输出教育资源，既开发了国内剩余智力资源，向发展中国家传播了本土文化，同时又获得了文化和人才的收益。对发展中国家而言，这种影响既有积极方面又有消极方面，积极作用表现在：扩大了国际化的开放程度，弥补了国内智力资源的匮乏，促进了国际社会的文化融合等。这也是高等教育国际化作为一种社会现象反作用于经济的表现。同时迫使发展中国家为此付出一定代价，造成优秀人才的流失、本土文化的扭曲、国家教育主权的弱化、一部分教育市场的出让来弥补高等教育资源的不足。

（二）经济利益的推动

作为当今世界不可逆转的趋势，经济全球化推动了高等教育成为国际自由贸易的重要组成部分之一，并使得营利性高等教育部门的影响力不断扩大。可以说，有些国际化项目开办的重要动机之一就是营利。不仅在商业性学校中是这样，就是在一些想要从国际化项目中谋利来解决财政问题的传统非营利性学校中也是如此。对很多国家来说，高等教育国际化的重要形式之一的跨国办学，不论是直接或间接，均被视为高等教育输出国缓解高等教育经费压力的有利途径。很多国家的高校通过招收大量全额自费留学生等手段参与到国际化的进程中。例如，在高等教育国际化的过程中，澳大利亚、新西兰和英国已经采取相应的创收方式，它们纷纷在国外建立国际机构为国内高等教育进行宣传，授权本国高等教育机构向外推销没有本国政府资助的教育服务项目。高等教育发展中国家，如马来西亚和中国等则倾向于按照贸易条款向外国教育机构和教育提供者开放本国教育市场，以此来增加本国高等教育入学机会，从而也为本国学生增加高等教育的多样选择权，缓解办学经费方面的压力。还有一些组织，通过在别国收购、建立学校或与别国公司或教育机构合作等方式参与到高等教育国际化进程中来。这些都在很大程度上推动了高等教育国际化的快速发展。

据估计，2007—2008学年，国际留学生代表着450亿美元的巨大"产业"，仅美国国际学生及其家庭对美国经济的贡献就高达155亿美元。2012—2013年度，超过30万的非欧洲学生到英国求学，对英国经济的贡献大约为70亿英镑。美国国务院2014年11月发布的数据显示，全美各高校2013—2014学年共有88.6万名国际学生，这88.6万名国际学生将给美国经济带来超过270亿美元的增长，其中中国大陆学生占31%，达到274439人。中国大陆继续成为美国高校最主要的国际学生来源地。这标志着，国际化的高等教育是一个不可小视的经济产业。

许多国家已经将高等教育国际化纳入政府的议事日程。如英国、澳大利亚和加拿大等国家，已调整了各自的签证政策和移民条件，以吸引更多的外国留学生。可以说，这些国家如此做的目的就在于维持其经济竞争力，意识到招收大量自费国际留学生有着巨大的经济收益。

三、文化因素

随着经济全球一体化及信息、传播的全球化，不同国家、不同文化的人们交往越来越频繁，人们要了解世界其他国家文化的需求越来越大，而文化又是依靠教育来传递、保存和发展的。高等教育的文化功能表现为：其一，高等教育本身就是文化的一部分；其二，高等教育承担着人类优秀文化的传承、传播以及创造先进文化的使命。在这样的背景下，各国高等教育不仅要发扬本国优秀传统文化，而且要借鉴和吸收各国先进文化，使本国文化既体现其民族特点又迎合国际化的发展趋势。例如，加拿大大学和学院协会做的一项调查发现，一些高校推进国际化进程的主要目的是提高学生国际性、跨文化的知识技能或促进有关国家间文化、经济、环境、政治等方面相互依存的研究。面对高等教育的国际化趋势，特别是面对师生对丰富国际化经历、开阔国际化视野和提升国际化素质的强烈需求，中国对外友好合作服务中心与各高校合作成立了"国际师生教育及文化交流中心"和"国际青年师生教育实训基地"，在高校内开展面向在校青年优秀师生的国际教育文化交流活动，积极鼓励和支持师生到境外调研和实习。其中，"青年师生赴美社会调研项目"是推动本土教育走向教育国际化重要的第一步。该项目由中美教师带领学生组团，以开展不同课题的社会调研为基本方式，对中国和美国的社会情况进行调查和研究，目的是培养青年师生发现、解决问题的综合能力。通过该项目，他们可以从中清楚了解异国的社会文化，能够积极面对不同文化之间的冲突与融合，更能站到一定高度去思考中国在全球化进程中所面临的各种问题，对开阔师生的国际视野有十分重要的影响。这些举措极大地促进了高等教育国际交流,推动了高等教育国际化的进一步发展。因此,了解别国文化,满足各国相互交流的现实需要,构成了高等教育国际化的文化动因。

四、科技因素

世界范围内的科学技术特别是新科技革命所带动的信息产业的迅速崛起给高等教育带来了很大的冲击。因为任何一所作为科学技术的创造和孵化基地的高校,都不可能提供科技全才或者在所有科学领域上都保持领先地位,它必须同世界其他国家的高校进行交流与合作才能适应这种趋势。因此,高校为了适应高科技发展的需要展开了更加广泛的竞争、交流与合作。另外,由于以电脑、电视和卫星为主体的现代化信息网络已经把世界联系成一个整体,进一步有可能把全球的高校、研究机构、图书馆和其他各种信息资源结合起来,组成一个超大规模的资源库,打破人类交往基础上的国家和地域之间的界限,消除人们观念和文化上的障碍,方便各国之间的交流与合作。全国、地区及世界性网络的形成,使知识与技术的传播瞬间即成。网络化已成为21世纪知识、经济与信息社会的一个重要特征,并为高等教育国际化提供了有力手段与捷径。

大型开放式网络课程,即慕课(MOOC)是互联网与教育的融合,是经过多年摸索出来的互联网环境影响下的教育发展模式。犹如一块石头坠入平静的水面,MOOC让全球高等教育掀起阵阵涟漪。MOOC意味着校园围墙正在被打破,优质教育资源的共享已经成为时代的必然,传统意义上的大学职能将会发生颠覆性变化,教育会超出现有教育范畴,成为国家文化和软实力输出的重要载体。而且,MOOC以其新颖、科学、合理的课堂教育设计,正在吸引和启发学校管理者和一线教师对传统的课堂教学模式除旧布新,以提高学校教学质量。可以预言,MOOC这一教学技术如能被善加利用,一定会成为移动智能时代传统课堂教学改革的"助推器"。MOOC的出现真正体现了高等教育的国际化。伴随着经济全球化趋势的加强和科学技术的不断进步,高等教育国际化的发展将更加快速、有力。

五、其他外部因素力量的积极推动和影响

高等教育国际化除了上述提到的政治、经济、文化和科技等重要因素外,以下两种力量也加快了国际化的进程。

(一)国际组织

在高等教育国际化的进程中,越来越多的国际组织纷纷介入高等教育问题上来,扮演着重要的角色,主要集中于以下两方面。第一,联合国教科文组织起着举足轻重的作用。联合国教科文组织成立于1946年11月4日。总部设在法国巴黎,宗旨是促进教育、科学及文化方面的国际合作,以利于各国人民之间的相互了解,维护世界和平。在世界日益走向一体化的今天,各种国际组织越来越成为各国进行交流、合作的舞台。自成立以来,联合国教科文组织所召开的大会、颁布的文件都从各个角度不断促进国际理解、和平、人权与合作,成为推动高等教育朝着国际化方向发展的重要里程碑。联合国教科文组织通过教育部部长会议、国际教育局专家会议定期的区域性会议或世界性会议,以及其他交流渠道积极促进国家间的交流和沟通。在高等教育方面,联合国教科文组织(UNESCO)从成立之日起便一直致力于促进高等教育的国际合作与发展,特别是1998年10月在巴黎组织召开的"世界高等教育大会",其规模之大与影响之深,可谓空前。而在会上发表的《21世纪的高等教育:展望和行动世界宣言》已成为高等教育国际化的指南针。

第二,其他国际机构的努力。还有其他很多国际组织,如国际教育局、经济合作与发展组织、东南亚教育部部长组织(SEAMEO)、国际教育成就评价协会(IEA)、亚太国际教育协会(APAIE)、国际劳工组织(ILO)等也在积极促成高等教育国际化目标的实现。这些机构以论坛、国际会议等形式就各国共同的教育问题进行讨论,对不同的高等教育政策进行比较,收集并分析比较数据,提出种种有利于教育改革的建议和计划,对高等教育国际化进程起到了极大的促进作用。如:1992年联合国环境与发展大会关于《21世纪议程》的行动计划;1993年人口大国全民教育首脑会议的《行动纲领》及1995年第四届世界妇女大会的《行动纲领》;2003年在UNESCO的支持下,国际高等教育质量保障机构网络组织(INQAAHE)制定的关于评估机构的《行为规范指导原则》,经过2006年的修订,已经成为质量保障机构尤其是外部质量保障机构合作、相互了解、提高认证能力、加强自身能力建设的指南等,都是推动教育向国际化方向发展的重要里程碑。

(二)时代需求

两次世界大战曾给世界各国人民带来了太多的不幸和灾难,对世界文明造成了巨大的破坏,战后冷战政策又严重阻碍了国内各项事业的正常发展。这些都让众多国家政府和人民普遍意识到,人类的生存和发展有赖于和平安定的国际环境以及和谐的国际关系。各国人民都渴望世界持久和平,渴望过上稳定的生活,渴望促进共同发展和繁荣,共创人类美好的未来。那么,实现这种和平安定的必要前提就是各国人民之间的相互交流、合作以及理解,而教育则是这一前提实现的主要途径和手段。高等教育国际化的发展在很大程度上可以归结为各国普遍追求和平相处、促进理解交流的结果。

然而,不仅仅是人类对世界和平的追求需要来自教育方面的共同努力,放眼世界,随着经济全球化的深入发展,世界各国在政治、经济、文化等方面相互渗透、相互依存,人类面临着贫富差距悬殊、局部战争不断、生态环境恶化、人口极度膨胀、自然资源枯竭、国际恐怖主义活动愈演愈烈等全球性问题。这些问题或现象波及全球所有国家,而解决问题又非单靠某个机构或某个国家的力量所能及的,需要世界各国共同担负起责任。正如联合国教科文组织在《教育——财富蕴藏其中》报告中认为的:"教育在建设一种更加团结一致的世界方面负有特殊的责任,而对于未来的种种挑战,教育看来是使人类朝着和平、自由和社会正义迈进的一张必不可少的王牌。"2011 年在清华大学举行的"2011 大学校长全球峰会暨环太平洋大学联盟第 15 届校长年会"上,加州伯克利大学校长就曾指出:当今世界的一些大挑战比如全球减贫、能源等问题都需要跨学科的交流与合作以找到解决之道,大学就是这样一个唯一能使全球性问题得到解决的场所。研究性大学,比如说清华大学,在深度和广度上都实现了卓越的发展,并且在解决全球性问题上也有着自己独特的优势,必须要在各自学院中建立交流和联系,并且还要和社会各个部门,乃至世界建立联系来实现问题的解决。国家之间、民族之间需要沟通、理解,国际化教育可以加强交流,促进理解,时代发展需要教育国际化。

第四节　发展高等教育国际化的必然性

经过几千年漫长而缓慢的发展之后,人类社会突然在 20 世纪以极其迅猛的速度发展起来。在经历农业经济、工业经济之后一下迈入了知识经济时代。高新技术的发展,信息时代的到来,加快了世界经济的大开放、大融合的全球化过程。全球经济一体化,全球社会信息化使得传统的教育和教育手段正在经历几千年前所未有的变革,不断呈现新的发展特征,教育国际化已经成为不争的事实。我们伟大的邓小平同志早在 1983 年就睿智地提出:"教育要面向现代化,面向世界,面向未来",指出了我国教育走国际化的道路的必然。而高等教育国际化更成为实施高等教育过程中重要的组成部分,近年来,国内外学者对它的讨论和研究不断增加,教育国际化问题研究已成为教育界又一新的焦点问题。高等教育国际化有着其深刻的政治、经济和文化背景,是世界高等教育发展的一种不可逆转的客观趋势。分析高等教育国际化的发展历史尤其是现在的发展状况，我们不难看出以下几个因素在促成和加速高等教育国际化方面发挥了重要作用。

一、世界发展全球化的必然要求

各国教育尤其是高等教育担负着培养具有一定世界公民意识的未来一代的职责。从这个意义上看，高等教育国际化是时代发展的必然要求。

（一）经济全球化发展的推动

同时，经济全球化是高等教育国际化的物质基础，而教育特别是高等教育对经济发展的巨大助力更是被实践所证实的。经济全球化是世界经济发展不容置疑的客观趋势，是当今世界经济发展最显著的特征，正在给世界各国经济社会发展带来深刻的影响。经济与教育有着特殊的相互依存，相互制约的关系。经济是社会存在的基础，也是教育赖以生存和发展的基础。经济的增长可以为教育提供更好的物质条件，经济结构制约着教育结构，经济体制改革可以带动教育体制的相应变革。因此，当经济全球化已成为现实和必然后，势必对教育产生深刻而广泛的影响。

经济全球化的一个重要特征是人才、资金、知识、技术和信息等资源在世界范围内的自由流动，以此实现生产要素和资源在世界范围内的最佳配置。随着经济发展在全球力量的加强，地域之间、国家之间、民族之间的许多屏障将逐步减弱或消除，由此必然带动教育在世界范围内的相互交流和合作更加频繁、密切，使各国的教育资源融入全球这一大市场，使一国的教育市场向他国甚至全世界开放。而且，经济全球化必然带来人才竞争、人才需求和人才标准的全球化。有学者专家研究发现，在经济全球化时代，世界经济贸易是三分天下，约三分之一的贸易是在跨国公司内部进行的，约三分之一的贸易是在不同跨国公司之间进行的，其余的贸易仅占三分之一。企业不仅要在全球范围内组织原材料的供应，规划生产力的布局，优化销售网点的配置，更重要的是必须在全球范围内招募人才并选派到世界各地，人们将更经常地在国与国之间、行业与行业之间流动，因而人才全球性流动是必然的，并由此引发人才标准的全球化。从事跨国经营的经理和员工不仅要熟悉国际经济运作的规则，更要了解当地的政治、经济、文化，这是经济全球化趋势下企业开展跨国经营与合作对人才素质的结构要求。这就要求高等教育的教育结构和人才培养模式必须与国际接轨，培养全球化所必需的能够参与国际经济竞争的国际型人才。经济全球化从客观的市场需求方面拉动了教育的国际化，这是不以个人的意志为转移的。

（二）解决全球化问题的必要途径

人类面临愈来愈多的共同的、超越国界的影响生存的挑战，要解决任何一个问题，都需要多国共同努力，需要人们，尤其是未来一代具有全球观点。例如，环境污染与生态破坏已成为严重的问题，直接影响和威胁了人类的生存与发展。由于环境问题的普遍性，环境科学研究就具有了全球性的特点。教育不仅是各国在经济全球化竞争中获胜的工具，而且要对未来世界的健康发展担负起历史责任。因此，产生了国际性的、政府间合作研究生态学的综合性计划——人和生物圈计划。此外，由世界气象组织、国际科学联盟、联合国环境署等国际组织，提出了全球防止战略。所有这些问题的解决需要全球的意识。现实使人类越来越认识到在现代社会中只有利用人类的集体智慧，调动整个世界的资源和力量，才能使人类走出目前的困境。正是人类面临的这些共同的难题，在一定程度上推动高等教育协作进入国际化的新时期。

正是在上述几个因素的共同推动下，高等教育国际化趋势不断加强，高等教育在世界范围的交流与合作也取得了令人欣喜的成就，为人类社会的文明进步做出了重大的贡献。作为世界上最大的发展中国家，我们应该清醒地认识到高等教育发展的国际化趋势，认真研究分析高等教育国际化给我国高等教育事业发展带来的变化和影响，站在科教兴国的战略高度，更新观念，拓展思路，未雨绸缪，为将我国高等教育更好地推向国际舞台做好充分的准备。

二、世界经济一体化的必然要求

20世纪末期，世界经济一体化进程加速，西欧、北美、拉美、亚太等地区跨国经济组织相继建立并运行，其中尤以西欧共同体完成向欧盟的过渡、世界贸易组织的建立，最具划时代意义。欧盟统一劳务市场的建立，管理和科技人员在各国间的自由流动，要求各国高校加速调整教学内容，增强彼此了解，相互承认学分、学历和学位，使高等教育国际化成为欧洲经济一体化的重要组成部分和实现区域内人才自由流动政策的必要条件。如果说第二次世界大战后美国通过《国防教育法》，在促进高等教育国际化方面，曾经独领风骚，那么20世纪末，领导这一潮流的则是西欧。

世界贸易组织，实即世界贸易的"政府"。它以促进世界经济一体化进程为己任，制定这一进程中的各项"游戏"，即竞争规则。当今世界，任何想跻身于世界民族之林，不想落伍的国家，都不能不经常审视自己在这一进程中的位置。受到世人重视的瑞士洛桑国际管理学院发表的年度竞争力报告，共列出八大类、250 多项标准，收集 4 万多个数据来评估一个国家的竞争力，其中相当的部分都同各国的管理、科技人才的数量与质量有关；与各国高等教育能否培养出足够数量的、不仅通晓国内也通晓国际"游戏"规则的、在国内和国际上均具有一定竞争力的人才有关；与能否在科学技术领域为本国占领一定数量的制高点有关。20 世纪末的亚洲金融危机也从负面证明了此点。亚洲开发银行 1998 年展望报告认为，东盟一些国家遭遇此次危机的深层原因之一是这些国家科技人才短缺，面对来自中国等劳动成本低廉的产品竞争时，未能及时调整结构，提高产品档次，取得更高层次的优势。

三、网络社会与信息社会的兴起与推动

信息交流技术的快速发展，全国性、地区性和世界性网络的形成，使国际知识与技术的传播瞬间即达。因此，近年来，多由发达国家提供的跨校、跨国以至跨地区的学位课程越来越多，跨国乃至跨地区的网络（虚拟）大学正引起越来越多的政府和国际机构的兴趣。可以预见，随着网络社会与信息社会的逐步实现，终身教育与学习社会的形成，教育网络化将成为 22 世纪知识经济与信息社会过渡的一个重要特征。这不仅极大地推动高等教育国际化，而且为高等教育国际化提供了有力手段与捷径。

四、科技进步推动高等教育国际化发展

世界范围内的科学技术特别是信息技术、通信技术以惊人的速度迅速发展。以电脑、电视和通信卫星为主体的现代信息网络已经把世界联结为一个整体，形成了全球性的信息一体化趋势，导致了全球性的信息同步，从而打破了国家和地域之间的界限，打破了人们观念、文化上的界限，为世界各国之间的信息交流提供了条件，也为教育国际化提供了条件。现代信息网络成为社会服务三大职能的基础平台和教育手段，成为走出校园、冲出国门、面向世界、服务人类的重要方式和有效途径。快捷的因特网使各大学成为一个前所未有的全球学术共同体，大学之间的联系越来越密切。学术交流，课程互通，理念共享成为十分自然容易的事情。尤其是计算机网络技术使高等教育发生了许多革命性变化，高等教育能够面向全世界开展教育活动，触角可以延伸至世界的每个角落，并最终实现由传统的学校教育向现代网络教育转变。

世界各国高等教育的这种高度渗透、高度融合的进程和趋势主要是由经济全球化引起的，并受制于经济和科技的发展水平。伴随着经济全球化趋势

的加强和科学技术的不断进步，全世界高等教育国际化的趋势必将更加明显。

五、传播世界文化的需要

一种观点认为国际化的文化功能在于传播知识。教育与科学的最新发现加强了这样一种论点的正确性，即既然知识是不分国界的，那么知识的探求、发展与传播可以通过国际学术界的集体努力而得到极大的推动。这就是包括高等教育机构、科学团体和学生协会等在内的整个学术生活日益具有国际性的根本原因。在大多数情况下，发展总是在需求中产生的，文化在全球的传播，也推动了高等教育国际化趋势的发展。文化既是人类生产和社会生活的产物，又是人类生存和发展不可或缺的必要条件，而文化又是依靠教育来传递、保存和发展的。文化在世界范围的传播是离不开高等教育的。高等教育不同于基础教育，它对于人类文化的选择与整理是直接的，高等教育不仅要传递自己民族的先进文化，还要吸取、融合外来的先进文化。高等教育国际化程度的提高有助于缩小国家之间、地区之间在教育、科技方面的差距，促进民族和民族之间的相互了解，也成为保证高等教育质量不可缺少的条件。

六、高等教育自身发展的要求

高校是传播和发展知识的场所，它的教学和科研必须反映人类科学文化知识的最新进展。任何国家的高等教育都具有本土性，同时具有国际性，必须向国内外开放。

高等教育自身为了更好地生存和发展，必然要不断寻找新的生存和发展空间。众所周知，高等教育是培养高层次人才的高级教育活动，它所传授的文化科学知识应该代表时代的最高水平，因此大学从一开始建立就特别关注文化、教育、科学的最新动态及其最高成就，这就促使大学互相借鉴和互相学习，以实现自身的更好发展。国际化为高等教育发展提供了新的动力和空间，无论是生源问题、师资力量问题、教育资金问题、资源问题还是教育方式方法问题、教育管理经验问题，都可以通过教育国际化渠道找到解决的方法。在国际上，普遍将教育视为一种产业，教育市场的竞争是非常激烈的，许多发达国家纷纷寻找国际市场，扩大国际生源，这是教育机构主观上维持生存的本能所致的。尤其是西方发达国家，名校林立，生源竞争激烈，加之生源有限、政府拨款下降等问题，迫切需要抢占国外市场，海外扩张的欲望特别强烈。另外，发达国家凭借其在教育方面的明显的优势，再加之整个国民经济和社会文明的优势，在发展中国家很容易打开市场，所以率先推动了高等教育的国际化。而发展中国家为了提高本国教育水平和缩小与发达国家的差距，普遍进行了高等教育的改革，非常需要发达国家先进的教育理念、管理模式、教学经验为本国的教育改革提供借鉴，注入活力，因而也需要加强教育的国际交流与合作。在人类的活动范围日益走向全球化的时代，高等教育的国际性将更加突出和重要，这是世界范围内高等教育国际化的内驱力。

第三章 高等教育国际化发展内容

进入21世纪,随着信息化、经济全球化的进一步发展,国际化人才成为各国综合国力竞争的核心元素,越来越多的国家已经意识到培养具有国际视野的复合型、创新型人才是高等教育的主要目标。不管是发达国家还是发展中国家都在大力推进教育改革,欧美以及日韩等发达国家在20世纪90年代就已经明确提出了国际化人才的培养目标,并制定了相关的教育法规。通过高校管理国际化、课程国际化、教师队伍国际化等内容实现高等教育的国际化发展。

第一节 高等教育课程国际化发展

美国学者诺尔斯(Knowles)提出,课程国际化是构成高等教育国际化的三大部分之一。现有调查报告也显示,在各国高等教育国际化的推进过程中,课程国际化是其最核心的内容之一。高等教育课程国际化是指在高等教育阶段,将国际化元素整合到课程开发、实施或改革过程中,它涵盖了课程目标、课程设置以及课程实验等方面。

一、课程目标与课程要素

(一)课程理念

由于高等教育课程国际化是一个全新的高等教育课程理念,这种新的高等教育课程系统设计思想,在实施过程中要求我们必须摒弃传统的课程设计观念,认识到在当今世界,各国高等教育已不能再局限于本国传统格局之中,应该主动参与到世界高等教育体系中来,必须将本国的高校课程置于全球的时代背景下进行整体设计,既要保持本国的特色与优势,又要吸收其他国家高校课程中的精华。在具体实践中,各个国家都应该根据自己的实际情况设计出自己的课程体系,使本国课程与其他国家高等教育体系中的课程实现真正的交叉融合,互相促进、共同生长。此外,高校课程的国际化应该充分考虑文化的多元化，要理解和尊重各个国家与民族的个性和特色，应该充分考虑到国际化的高校课程体系是在以经济全球化、文化多元化为特征的社会背景中产生的，应在本国传统课程的基础上，吸收世界各国中先进课程研究成果并与之融合。

一直以来，高等教育国际化的基本观念目标是"走出去""引进来"，如何实行，值得深思。从思想上来看，高等教育要与国际接轨，只有先"走出去"，才能学习并引进国外先进的教育理念与经验，借鉴他国先进理念及文化精髓。对高校来说，"走出去"的人应该既包括教师又包括学生。教师是学校的主体，一方面，他们到高等教育发达的国家进修、交流、访问，能更好地了解先进的教学模式和教学理念，拓宽教学思路。另一方面，教师的国外生活和体验是跨文化能力的经验积累，教师只有具有跨文化交际能力才能从容面对高等教育的国际化。学生是学校的重要组成部分，学生在校期间出国交流的机会多寡是一个学校国际化程度高低的体现，也是一个高校开放程度的体现。只有给在校的优秀学生提供足够的走出国门交流学习开阔眼界的机会，才能让他们掌握跨文化的知识和能力，为今后走向社会奠定坚实的基础。通过"走出去"，我们"引进来"的不仅仅是国外优秀的教育资源及先进的教育理念，我们还会引进优秀的外教，直接为我们的教学服务，更重要的是我们还要吸引来华留学生，大力发展来华留学生教育，提高校园的国际化程度。随着高等教育国际化水平的提高，外籍教师不仅带来了国际通用的语言，而且带来了异域的文化，带来了异域的价值观，他们的到来为我们引进了先进的教学理念、教学方法、教学内容及教学管理经验，为高等教育的国际化做出了巨大贡献。先进的教育资源还包括国际化的课程体系、教材、教育软件等，这些资源的引进，能补充我们教育资源的不足和教育体制的缺陷，一方面，为无法赴境外留学的在校生提供接受国际化教育的机会，另一方面，增强对来华留学生的吸引力，为来华留学生教育事业做出贡献。

（二）课程目标

未来社会，高校毕业生能否具有独立思考能力、竞争参与能力、经受挫折能力、国际交往能力，能否适应在国际化和多元文化的社会工作环境下生存，是一国高等教育成败的标准。课程目标是课程建设的指导，直接影响课程的前期设置与后期效果。

首先，课程目标是教育价值目标的外在体现。高等教育的价值目标是传播知识与探索真理，这恰恰是当今社会全人类共同的事业，即在全球范围内共同交流、合作、学习与进步。

其次，课程目标是高等教育人才培养目标在课程设置中的要求。相较于国际化目标，传统的课程目标往往更关注学生具体学科知识的掌握，对于学生能力与素质方面的侧重较少，目标设定较为片面、单一。而国际化的课程目标则立足于培养国际性的通识人才，致力于培养学生的国际性意识、全球性视野与国际事务参与能力。这就要求高等教育的课程目标设定更加突出多元化的特点，不仅重视知识的传承与创新，而且重视学生适应全球化发展能力的培养。没有科学合理的国际化课程目标，高等教育课程的设置与实施无据可依，就很难符合高等教育国际化的初衷，容易在实施过程中遇到瓶颈从而导致效果不佳。

最后，我国高等教育课程目标的不明确影响了国际化的课程体系建设。在某种程度上，这使得我国高校的课程建设脱离国际轨道，也使得通过课程培养国际人才的理念无法贯穿各类课程的建设与实施过程中。《中华人民共和国高等教育法》虽然明确提出高等教育要"培养适应21世纪需要的具有创新精神和实践能力的各类专门人才"，但对于国际化人才所应具备的素质却未给出明确的标准，也未对高等教育国际化的其他方面做出相关规定。

（三）课程要素

课程要素是国际化课程的基本构成部分，包括主体要素、媒介要素与活动要素三个方面。

主体要素指参与国际化课程的教师与学生；媒介要素在这里主要指语言媒介与技术媒介；活动要素则是指课程组织过程中所进行活动的相关国际化元素。课程国际化有着明显的"双向"特征，课程国际化不仅意味着"引进来"，也意味着"走出去"。课程国际化以课程要素为载体，由三类基本要素组成，大致形成课程教育输入与课程教育输出两种状态。一种是教育输入，包括吸引外籍教师资源，加快课程国际化进程；国内师生开设国际性课程；国内人员出国进修；通过远程教育，参与国际课程培训。另一种是教育输出，包括招收外籍学生来华学习；前往国外开设本土教育课程；通过网络等技术，向国外学习者提供特色或精品课程。另外，加强本地学习者与外国学习者在课程中的交流、互动，加大外语教学力度，开设双语教学课堂，都有助于国际化学习。

（四）课程设计与教材选择

培养目标的实现，主要是通过高校所设置的课程达到的。科学技术发展到今日，各种知识在高度分化的同时又高度综合。因此，高等教育国际化的课程结构上更注重课程内容之间的横向关系，注重学科之间的交叉融合。在课程内容上，充分关注学科领域的最新发展，适时地将其补充到本国的课程内容当中，注意科学与人文并重，要使学生熟悉不同的思维方式，培养学生具有认识不同学科、认识不同文化的能力，为学生在国际化社会中个体的多向发展提供必要的准备。高等教育课程国际化的课程设计的最终宗旨是将受教育者作为一个具有主体性的、完整的人而施以全面的教育，使受教育者在人格与学问、理智与情感、身与心各方面得到自由、和谐的发展。北京大学的"加强基础、淡化专业、因材施教、分流培养"的本科教学方针应该成为我们考虑的范本，这种教学方针可以给全体学生一种共同的智育陶冶和心智训练，达到培养"厚基础、宽口径"、具有自主学习能力的高素质创造性人才的目的。

教材作为知识学习的最主要途径，课程的落实离不开文字性教材作为媒介，教材的国际化是课程国际化的基本内容。国内外许多高校开设双语课程、使用外文原版教材，无疑对于强化外语能力、提升专业能力有一定效果，然而，教材使用的误区依然普遍存在。一方面，在引进国外原版教材时没有仔细辨别其优劣，并非所有原版教材都优于国内教材。有些外文教材质量较差，知识结构凌乱、内容浮浅、层次较低，不符合课程国际化内在需求。另一方面，盲目使用外文原版教材，忽视本土文化传统或与本地学科发展情况相差甚远，不仅不会提高课程国际化效果，反而容易本末倒置，忽略了国际化知识的学习。另外需要注意的是，高等教育内部规律，即课程国际化同样要与学生身心发展阶段相匹配。使用外文原版教材需要考虑学生外语水平以及学生所处学习阶段，否则专业学习效果会大打折扣。

（五）教学技术和方法

高等教育课程国际化也导致了教学技术和方法的深刻变革。在信息技术飞速发展的当今时代，采用国际上通用的现代教育技术，是高校课程实施国际化的基础。现代教育技术与传统教学方式相比，根本区别在于：前者充分发挥学生个体的潜能、主动性、创造性，形成鲜明的个性，以学生为中心；后者以教师、教科书为中心，通过班级授课批量生产学生，学生缺乏主体性、个性。将课堂教学与现代教育技术相结合，体现了个性化培养、创造性人才培养的教育思想，最直接的影响是借助信息网络技术可以建立信息化的国际高等教育平台，利用电子媒介极强的渗透性和网络技术应用的广泛性，可以改变讲授式教学模式的局限性，最大限度地实现资源共享。

21世纪是以信息技术为特征的知识经济时代，在这个时代，需要的人才要具有国际化视野才行，高校作为培养人才的摇篮，必然肩负起此重任。随着经济的全球化，高等教育也将面临国际竞争。随着越来越多的国际优质教育进入中国教育市场，国际先进的教育理念和人才培养模式也进入中国教育界。国际竞争的日趋激烈，要求高校教学科研与国际接轨，培养国际化的人才。据美国大学协会的调查，多数美国大学的培养目标是培养具有以下能力的毕业生：很强的分析和解决问题的能力；英语和第二外语的交流能力；跨学科知识的交际能力；注意自己选择的决定所产生的结果和相关后果的能力；在复杂的信息环境下的检索和判断能力；多元文化环境下的工作能力；对民主价值、平等和社会责任的承诺；对外来文化和变化中的世界了解的能力。与此相比，我国的高等教育培养体系存在着许多的不足：教学方法、评估方式落后；外语教育水平偏低；专业设置、课程设置不能与国际接轨；教育国际化意识薄弱等。教学方法的落后，体现在我国整个教育体系中，高等教育也不例外，我们始终无法摆脱灌输式、教条式的教学方式和考试模式，教学常常以教师为中心而不是以学生为中心，这种相对落后的教学方法，极易压制学生的创新能力和判断能力的激发，不利于创新人才的培养和生成。外语教育水平偏低，其原因在于高等教育中外语课程的设置主要以应试为导向，培养出来的大学生外语水平偏低，不能适应国际化人才的需要。专业设置、课程设置不能与国际接轨，未从经济全球化的角度考虑，缺乏市场意识，根据市场需求开设新专业的主动性和压力不足，专业设置跟不上发展需求，专业面窄，教学内容陈旧等问题还大量存在。

随着世界留学生规模的迅速扩大，各国高等教育国际化意识逐渐增强，北美和欧洲国家为了实现课程国际化，在普通高等教育的核心课程中增加了关于世界文明、世界史和外国语的要求，增设和加强了地区研究和国际研究方面的主修、辅修和专攻计划，在多个专业的教学内容中增加了国际方面的内容。与之相比，我国的高等教育在这方面还有很大的不足，缺乏超前的意识和准备。这是需要我们多加注意、力求改进之处。高等教育的国际化，要求高等院校要主动适应国际形势发展的需要，不断加强国际交流与合作，不断改革课程体系，开设国际教育课程，及时引进国外先进的教学理念和教学成果，培养学生的创新能力和创新意识。只有这样，才能实现高等教育的振兴与发展。高等教育的国际化是高等教育开放程度高低的重要体现，是高等教育开放的必由之路。只有充分实现了国际化，才能说是充分开放了，而只有充分开放，充分汲取他人之长，弥补自身之短，才能真正兴校。

二、课程实施与考试评价

（一）课程实施

课程实施的形式具有多样化的特点，与国外互派师生、远程教育等，都是课程国际化实施的重要途径。当今社会正处在一个信息化和网络化高度发达的时代，信息技术的迅猛发展为课程国际化提供了极大便利并开创了全新的渠道。尤其是互联网技术的发展，有效地实现了远距离快速、高效互动与交流，为课程国际化提供了技术平台。

2012年，慕课理念在全球扩散开来。慕课即利用信息技术平台引进全球范围内的优质课程资源，以实现更大范围的资源共享。开放、网络化、大规模是慕课的特征，这也意味着传统教学方式的改变，为课程国际化提供了一种大胆的模式。自由流动，全球共享，不受时空范围限制，并且能够节约学习成本，毋庸置疑慕课能够提升课程国际化的实施效果。

（二）考试评价

有的学者认为课程国际化应该包括课程评价的国际化。然而从课程国际化实施来看，不同的国家很难有相对统一的衡量体系，并且课程实施效果的标准难以界定，这样就使得课程评价难以操作。目前，考试评价是课程国际化进程中通常采用的评价方法。

课程国际化考量标准主要有语言水平、专业课程和学历资格认证等。语言水平测试主要由语言推广机构或教育机构进行考评，如澳大利亚教育国际开发署（IDP）作为教育服务机构为留学和移民提供语言测试，协助招收外国留学生。专业课程的考试评价主要由开设课程的学校或相关机构进行。学历资格认证由各国专门的质量认可机构进行鉴定，如澳大利亚国家海外质量认可局专门提供学历认可的咨询和鉴定服务等。

自20世纪90年代以来，随着高等教育国际化进程的加快，各地高校也积极探索和开展了课程国际化建设，取得了不少成绩。2013年浙江省教育厅颁布了《关于加强普通高等学校国际化专业及课程群建设的意见》，根据高校实际情况，在建设目标、建设重点、遴选条件、专业及课程群建设标准以及管理方法等方面做了相关建议。

第二节　高等教育学生培养国际化发展

无论是在高等教育阶段还是在其他教育阶段，学生都是教育工作关注的对象，学生国际化也是高等教育国际化的重要方面。学生国际化主要指学生的跨国性流动及其国际视野的拓展。教育的根本是为了学生的身心发展,高等教育国际化依然不能偏离此重心。

一、国际化生源

高等教育国际化过程中的学生跨国性流动使留学生跨境教育成为当下的热点问题。根据服务贸易总协定(GATS),留学生教育是目前教育服务贸易中的最主要形式。从世界范围来看,高等教育留学生的招生规模在进入21世纪以来的前八年增长了近7%。据经济合作与发展组织估计,目前有超过1.3亿的学生有过国外求学经历,尤其在欧洲与亚洲,数量有了极大增长。不仅如此,外围留学生还带来了巨大经济利益。例如澳大利亚,留学生及各大学在该围的投资带来了120亿美元的利润,使高等教育成为其第三大支柱产业。当然,除了巨大的经济收益,留学生教育最直接的影响便是扩大国际化的生源,培养国际化视野的学生,从而提高国家的教育软实力。

各国政府在留学教育方面也投入了很大力气。新加坡计划在2015年前吸引15万名留学生,政府力推高等教育国际化,希望成为东南亚地区的高等教育中心。韩国政府目标是到2020年前吸引20万名国际留学生,推动其高等教育国际化进程。日本提出"留学生30万人计划",将留学生教育提升到国家战略高度。中国政府也在增加国外招生人数方面不断努力,目标是在2020年前招收50万名外国留学生。根据《国家中长期教育改革和发展规划纲要(2010—2020年)》,发展国际教育被放在了特别优先的地位,并鼓励国际学生来华留学,中国正努力使自己成为亚洲最大的留学生目的地国家。

毋庸置疑,招收培养国外留学生是高等教育国际化的主流方式。除此之外,重视国内学生的留学培养,增加国际化背景的本地生源也是扩充国际化生源的重要渠道。综上所述,要吸引和留住更多、更好的国际生源,就需要在设立多样化的政府或高校留学生奖学金、健全相关政策法规、提高教学科研水平、完善生活服务、加强宣传推广等方面加大努力。

二、学生素质

我国在1998年颁布的《中华人民共和国高等教育法》中,明确提出了"培养具有创新精神和实践能力的高级专门人才","国家鼓励和支持高等教育事业的国际交流与合作"。扩大来华留学生规模一直是国家努力引进外来血液的重点工作,数量指标显示我国国际化进程正在蓬勃发展,然而有研究者注意到高等教育国际化战略的实施重点应放在提高留学生质量和层次上,他们呼吁国际政策的有效性主要依赖于国际学生的质量而非数量、注意力应转向提高教育质量和服务水平、树立国际教育品牌等。英国诺丁汉大学校长杨福家认为：高等教育国际化就是要培养通融中西文化的一流人才，也就是要培养具有国际化视野、国际化交往能力和国际化竞争力的创新型人才。

国际化学生的素质已不仅仅是要求具有国际化背景即可。良好的身体与心理素质、综合性的知识结构、高水平的外语沟通能力和跨文化交往能力、扎实的专业素养以及文明的道德行为规范等方面成为国际化学生应有的内涵要素。当前，随着国际化教育的发展，学生的语言水平和专业知识水平日益提高，然而综合素质表现并不令人满意。2005年麦肯锡咨询管理公司在《应对中国隐现的人才短缺》报告中就曾指出："中国毕业生人数众多，但其中只有不到10%具有在外企工作的技能。"我国目前国际化水平还处在较低水平的阶段。

另外，要加强高等教育国际化，提高国际化学生的素质，既要注重提高来华留学生的质量和层次，又要关注中国学生自身综合素质的提高，真正做到适应全球化发展。一是要树立国际化教育理念，改变传统教育模式。秉承以人为本，追求创新的宗旨，以素质教育为中心培养具有国际化视野的开放性人才。二是要丰富人才培养模式，构筑国际化的培养方案。高校在人才培养上可参照国际惯例，制定与国际接轨的人才标准。三是要在教学上重视综合能力的培养，在学术上营造自由活跃的多元化研究氛围。四是要充分利用国际化办学资源，如国际化师资队伍、国内外合作办学机构等。五是要重视高等教育的空间载体——高校校园的文化建设，通过各类文化活动、学术交流活动和其他实践，丰富学生的国际化内涵。

三、学生管理

学生的多元化为高校学生管理工作带来一定挑战。高校国际化人才培养需要构建学生国际化的工作系统，一方面为国内学生提供咨询服务，另一方面进行留学生管理工作。

近年来，留学生教育作为高等教育国际化交流的重要组成部分，成为高校学生人才交流的一个焦点。而对于留学生的管理模式，许多国家进行了探索。日本主要有两类模式：一类是建立国际部，对留学生进行垂直、统一的管理；另一类是建立导师制，将留学生分散于各院部，再由留学生事务中心协助管理。前者一般是国际化初期采用的管理模式，由于缺乏经验，因此集中管理较为快捷有效。后者一般适用于综合性高校，灵活度较高，也利于留学生与当地师生交往，适应留学国当地文化。

在应对国际化学生管理工作时，柔性管理是较为有效的手段，主要采取沟通、激励、引导的方式进行管理。首先，要明确国际化学生管理工作的内容。参照国际惯例制定学生管理标准，营造平等、自由、和谐的文化氛围；组建具有较强语言能力和跨文化沟通能力的管理服务队伍；加强对出国留学和学习交流学生的咨询服务和指导建议；加强留学生专业化和规范化管理；建设多元文化共通的校园文化，举办加强国内外学生交往的校园活动。其次，建立健全管理制度和相关机构。完善学生管理制度，在遵循国家和地方法律法规前提下，完善相关制度，如导师制度、奖学金制度、处分条例和突发事件处理制度等，使得学生管理工作有据可依；在机构设置方面，可设立针对国内学生的出国事务咨询服务中心和针对国外留学生的事务办公室，明确各部门职能，减少职责不清导致的多头管理或相互推诿的问题。最后，要搭建灵活性、多元化的国际文化交流平台，为学生管理工作提供便捷的途径。此类平台包括网络技术平台、学生组织平台和活动体验平台等。在网络化信息时代，学生群体作为最广泛的互联网使用者，校园论坛、学生工作在线、微博以及微信等新媒体手段，既可以帮助扩展学生的国际视野，又能加强国内外学生的互动交流。而学生组织和社团则是以团队形式开展非正式的学术及课外活动的，这对于文化融合有着不可小觑的作用。以宣传当地传统文化或学习他国优秀文化为主体，开展品牌活动，以艺术、体育等多种形式为媒介，进一步扩大影响，提高参与度，帮助留学生快速融入留学国的文化氛围。

第三节　高等教育教师队伍国际化发展

教师队伍建设的国际化即师资国际化。传统的师资国际化主要是指提高教师队伍中具有国际学习或研究背景的教师的比例，一般通过吸引外籍教师、国际著名学者或留学人员任教增加国际化教师的数量。随着国际化不断深入，数量结构的变化已不能完全概括师资国际化的特征。高校师资国际化现可定义为"世界范围内高校教师通过不断交流与合作在思想、理论、方法等方面相互学习和融合的过程"，其重点在于适应国际化发展的要求，拓宽教师人才的国际化视野，丰富教师的知识结构，提高教师的学术水平与科研、创新能力。美国教育委员会指出，教师是推动高等教育国际化的主要动力。教师队伍国际化是建设世界高水平大学的重要保证，也是实现人才强校、强国战略实施的重要举措。

一、师资构成

师资构成是教师队伍的人员构成，这里主要指国际化的教师来源。与传统代表国际化师资的"外教"不同，随着人们对高等教育国际化了解的深入，具有国际化背景的教师人数越来越多，国际化教师不再单单指境外人员。除邀请优秀外籍教师和著名访问学者之外，还需吸纳国内具有国际元素的优秀人才壮大国际化教师队伍。我国在此方面也做了不少努力，一方面中央及地方的政府和高校实施了一系列人才项目，如人力资源社会保障部实施的海外高层次留学人才引进项目、教育部牵头的"长江学者奖励计划"、中科院推动的"百人计划"、外国专家局启动的高端外国专家项目以及"春晖计划""海外名师计划""新世纪优秀人才支持计划""引智计划"等一系列人才工程，都在不断推动我国高校师资队伍的国际化建设。另一方面，通过各种项目、基金或学术假期，为教师提供出国学习、进修和访问的各种在职培训与发展的机会。

（一）外籍人才吸引

美国的一些世界一流大学诸如哈佛大学、麻省理工学院、斯坦福大学等，每年都要接收数千名外籍教师。英国牛津大学外籍教师比例超过40%，来自100多个国家和地区。德国大学为了提高国际化师资水平，在全世界范围内招聘高级人才并通过洪堡基金会专门对高级学者的国际学术交流进行资助。日本东京大学每年会利用教学经费的三分之一面向全世界招聘一流教师。香港科技大学则有超过1/3的教师来自30多个国家的顶尖大学。我国也于2008年实施海外高层次人才引进计划，实施以来已有千余位高级人才入选，其中超过70%的人才在高校从事教学科研工作，这也成为我国在师资国际化过程中跨越的重要一步。近年来华外籍教师总数逐年增长，然而其中高学历人才所占比例并不高。

（二）本地教师培养

日本东京大学在2009年派往世界各地访问的教师高达8997人；美国哈佛大学在2011年利用夏季学期安排教师去往18个不同国家开展28个科研项目。在我国，也有国家留学基金项目以及地区和高校层面的各类项目向世界各地派遣师资进行深造。比如国家留学基金管理委员会，每年选派高级研究学者、访问学者、博士后2500名左右赴海外研修，选派6000名左右研究生赴海外学习，选派2000名左右本科生参与国际交流，通过特殊合作项目和专门人才培养项目选派7000名左右赴海外研修合作。统计数据显示，自2006

年至 2012 年，公派出国留学年度选派人数从 7500 人增至 16000 人，增长 113%。还有国家留学基金管理委员会设立的"优秀青年骨干教师"项目，每年选派 3000 名左右的青年教师赴海外研修，这一措施对推进高校青年教师队伍的国际化进程是非常有利的。

二、教师素质与培训

（一）国际化教师素质

进行国际化的师资队伍建设，不仅要重视人才量的增加，而且要关注质的提高。这里的教师素质主要是指国际化师资的质量问题，国际化的教师所应具备的素质要求亦是教师人才培养目标的具体表现。高校教师作为上承下教、创新知识的中坚力量，在高等教育新的国际化形势下更应进一步提高自身素质。

1. 培育高等教育国际化理念

教育理念是对教育活动本质与规律的认识，是一种对教育价值的理想与追求，而高等教育国际化理念，则是把教育价值放在全球范围内衡量，凸显高等教育的本质，即全世界人民对知识的渴望和对真理的追求。因此，高校教师也要站在整个人类的高度看待高等教育的功能和价值，用国际性的眼光来分析、判断和决策高等教育改革与发展中的问题，大胆借鉴世界各国成功的高等教育理论、先进的管理制度和国际教育实践，使高等教育与国际政治和全球经济相互合作，彼此协调进而共同发展。

2. 辩证地对待国际化与本土化

不同地区和不同民族都有着自身鲜明的文化教育特色，这与长期的政治、经济等各方面的历史积淀分不开。盲目借鉴并非就是好的，如何在日益频繁的国际交往中清醒保持自己民族的文化特色，维持国家高等教育的教育主权，是高校教师面临的一项挑战。

3. 具有较强的国际交往能力

要与国际接轨，学习和借鉴他国先进的经验、制度与技术，缺乏基本的国际交往能力将成为桎梏。高校教师只有提高了自身外语水平和跨文化交往能力，才能站在世界的学术前沿，才能学到他国办学办教育的宝贵经验，才能培养出具有国际意识和竞争力的国际人才。

4. 具备优秀的教学和科研能力

高等教育国际化包括课程的国际化、学生的国际化、学术和交流的国际化等方面。因此，高校教师需要具有综合性的国际化知识结构、良好的双语教学能力、灵活的国际化教学模式、熟练运用现代技术资源的教育技能等。高校教师作为高级知识分子也是知识创新的重要主体，而知识创新离不开优秀的科研能力。扎实的知识储备、国际化的学习能力、规范的研究方法和不懈的探索精神，都是国际化师资队伍建设对教师素质的要求。

（二）国际化师资培训

1. 职前培训

国内高校师资队伍建设是一个循序渐进的过程。职前阶段，一是要加强各受教育阶段的国际教育和外语教育；二是除了注重相关知识的考核与师范技能训练外，外语水平及国际常识性内容的掌握也要列入高校教师资格准入条件之一。

2. 新教师培训

在新教师入职培训的过程中，加入国际化教育的相关内容，帮助其树立国际化教育观念。针对高校实际情况和新教师培训需求，可开设多样化培训课程，如外语提高课、双语教学方法、专门学术领域的国际课程研究等。在实践方面，为新教师提供国外长短期培训、访学及其他多种形式专业化发展渠道。

3. 在校教师培训

在鼓励高校教师进行国际化交流方面，可以采用多种形式的培养活动，主要包括为教师提供出国学习机会、设立各种项目和基金、建立国际合作关系、建立国外分支机构、进行语言培训、鼓励教师开设国际化课程和教育资源共享等。

三、科学研究

目前高校教师的国际学术科研与合作，主要表现为以下方式。一种是通过国际组织和院校机构建立国际合作关系。由教师或研究团队开展基于主题或基于学科的合作研究。近年来，随着国际交流与合作的深化，很多地区如欧盟、亚太地区乃至全球范围内都出现了紧密的大学合作组织或计划，这些紧密的合作组织不仅有效地推动了教师的跨国教学和科研合作，更在质量标准和制度上寻求统一化，并通过教育资源共享建立了更深入的联系。例如澳大利亚"八校联盟"积极推行国际化战略，通过政府支持和各项基金资助，促进成员大学的科研国际化。新加坡国立大学与42所环太平洋地区的研究型大学组成环太平洋大学联盟，形成多边的科研网络。而欧盟则是自1987年起开始施行"伊拉莫斯计划",成员国内教师流动性大,学术氛围相当活跃。教师通过联合聘任、借调等形式,积极参与到欧洲整体高等教育科研视野当中。

另一种则是通过建立海外分校、研究机构或合作办学等方式,派遣教师到海外展开国际化的教学和研究工作。例如英国牛津大学,已在国外建立了几十个与全球化相关的研究中心。新加坡国立大学也在中国、印度、瑞典等国家建立了分学院。

四、教师管理

保证师资队伍国际化建设的质量和提高师资队伍国际化建设效益,对高等教育的国际化具有重大意义。然而,多元化的教师队伍也就意味着教师管理工作的复杂性。

第一,要进行科学规划,合理安排人才派遣和引进工作。根据高等教育的发展规模和状况及其未来发展走向,加强数据收集和统计工作。建立专家决策咨询团队,加强人才引进和教师培养的宏观指导,提高教师管理工作的针对性和实效性。另外,还要根据中央和地方高校师资队伍国际化建设、学科建设的整体水平来测定各项工作的紧迫程度,并依据紧迫程度的不同在师资队伍国际化建设工作中科学规划,按部就班地深入教师队伍的建设工作。

第二,严格选拔,提高层次。盲目重视外显性指标是师资队伍构建的一大问题。只重视数量、一味扩大外来教师的规模不一定符合我国高等教育现阶段实际情况。另外,不加选择地接纳外籍人员作为教师,教育质量无法保证,良莠不齐的教员也会带来其他社会问题。因此,建设国际化的师资队伍应该保质保量,引进来的必须得是高水平人才。邀请世界知名学者和学术大师不仅可以带来国外先进的办学理念、科学研究方法、教学方法,而且还能通过他们迅速了解、掌握世界学术发展动态和最新研究成果,开阔国际视野,提高国际交往能力和教学科研水平。

第三,健全机制,保证国际化师资队伍建设工作的持续开展。完善相关制度、法规,如对外籍教师的管理办法;完善激励机制,从物质保障、职业发展等方面入手,引入并留下人才;完善相关工作管理实施及评估办法,不能简单地将海外人才引进和师资队伍海外培养作为提升完成师资国际化指标的途径。同时加强跟踪考核,确保引进和培养的人才在各自岗位上发挥应有作用。

第四,重视服务,提高质量。如何提升社会服务质量,作为教师队伍发展的后勤保障也应将其作为考虑的要素。

构建自由宽松的学术气氛，鼓励学术创新，确保良性流动，保障教师归属感。建立较为人性化的师资管理制度，如公开招聘制度、资格认证制度、专家评估制度、同行评议制度、社会实践制度、校本管理制度、中青年学者的扶持和资助制度、完善的师资服务制度、优厚的教师福利与保障制度等，其中许多已经在世界各国的高等教育机构中相互学习和借鉴。

第四节 高等教育管理国际化发展

教育国际化的实质就是在全球范围内实现优质教育资源的共享，而达成这样的共享必定要借助一定的管理手段。而在高校管理国际化策略中，既存在显性的合作方式（合作办学），亦存在隐性的文化融合（汉语言文化的推广）。在本节中，先就最主要的几种高校高等教育国际化的管理手段进行探讨。

一、合作办学

合作办学是高等教育国际化的重要途径。2001年中国加入世界贸易组织标志着我国进入了"以开放促改革"的新时代。作为成员方，中国和160多个国家和地区签署了更高层次的教育合作协议，教育服务贸易促成了最大的高等教育市场，也催生了合作办学的新型教育国际化形式。合作办学按空间架构可分为境内办学和境外办学两种形式。境内办学主要指中外合作办学，境外办学则以孔子学院的设立为主。

（一）境内合作办学

2001年12月，中国政府在《中华人民共和国加入世界贸易组织议定书》中做出承诺，"允许中外合作办学，允许外方获得多数所有权，但不承诺给予外方国民待遇，也不允许外国机构单独在我国设立学校及其他教育机构"。2003年3月，国务院正式颁布了《中外合作办学条例》，其中规定中外合作办学是指"外国教育机构同中国教育机构在中国境内以中国公民为主要招生对象的教育机构的活动"。目前，中外合作办学机构和项目也正在持续增长。截至2013年1月，全国依法批准的中外合作机构和项目达到1780个，其中本科以上高等学历教育项目就有732个。另外已批准设立或筹备设立8个具有独立法人资格的大学，包括宁波诺丁汉大学、西交利物浦大学、上海纽约大学、昆山杜克大学、温州肯恩大学、香港中文大学（深圳）等。《中外合作办学条例》第三条规定，"国家鼓励引进外国优质教育资源的中外合作办学，国家鼓励在高等教育、职业教育领域开展中外合作办学，鼓励中国高等教育机构与外国知名的高等教育机构合作办学"。正是由于国家对中外合作办学的大力支持，中外合作办学已成我国教育事业"在公办学校、民办学校之外崛起的第三支办学力量"。中外合作办学迎合了高等教育办学体制革新的需要，在一定程度上也满足了民众对于"不出国留学"的优质国际化教育资源的需求，它带来的经济利益也是较为可观的。然而在经济利益的驱动下，高校合作办学往往沦为创收工具，为了"合作而合作"，盲目扩大数量而忽略教育质量，高等教育国际化的本质遭到忽视，过度商业化是高等教育走向市场化、产业化过程中面临的一大问题。

中外合作办学虽已取得一定成绩，但其中也存在不少问题。首先，从国际角度看，中西教育实力不对等，我国属于内向型发展模式，教育输入大大超过教育输出。其次从国内角度看，教育国际化发展区域差异大，中外合作办学一般集中在东部经济较发达地区，呈现不平衡状态。在中外合作办学过程中，盲目合作，对自身办学定位缺乏清晰认识；忽略中外合作办学公益性特征，追求短期经济利益，重复建设一些低水平的项目与专业，缺乏规范办学管理；一味追求数量指标，缺乏高质量教育品牌且缺乏监督与认证体系；学校宣传力度低、社会关注度不高，咨询服务渠道缺乏；师生国际化意识淡薄；相关政策资金不到位；教育主权受到侵害等问题层出不穷。

（二）境外汉语推广

在引进海外优质资源的同时，国家还大力推行"走出去"战略。在中外合作办学领域，在国家汉办与高校的共同努力下，我国在世界范围内与国外高校合作开办了数目众多的孔子学院和孔子课堂。截至2011年11月，我国在全球105个国家开设了350多所孔子学院，还有许多孔子课堂，在推广汉语言与中华教育、中华文化方面无疑起到了巨大作用。孔子学院的设立为合作高校提供了国际交流与合作的平台，有利于双方国际化进程的推进，有利于拓展国际化的师资渠道，例如北京大学与日本早稻田大学建立孔子学院后，每年都会引进早稻田大学学者前来进行长期或短期讲学，有利于提升学生的国际化水平。孔子学院在教育服务贸易中起着不可替代的作用：一是能够帮助高校招收外国学生；二是可以通过孔子学院奖学金直接吸引外国人才；三是通过交流项目促进学生的国际化发展。不仅如此，孔子学院还有利于课程国际化建设，以孔子学院为窗口，引进合作方优势课程资源，也使汉语课程走向世界，如浙江科技学院引进罗马尼亚克鲁日巴比什-波雅依大学经济类课程、北京师范大学中华文化精品课程被美国旧金山州立大学引进，有利于提高国际化管理能力，便于学习国外先进管理经验和国际化的管理制度。

二、学历互认

学历互认是目前高等教育国际化采取的重要策略，以欧盟及南美洲南方共同市场为主要代表。随着欧洲一体化的推进，欧洲各国在高等教育领域方面的交流合作也在不断加强。1987年，欧盟开始实施"伊拉莫斯计划"，极大地促进了欧盟内部师生交流。1998年，德法意英四国教育部部长签署《索邦宣言》，提出要建立国际认可的本科和硕士两个教育体系。德国在原有的硕、博二级学位基础上补充了学士学位的颁发。1999年，29个欧洲国家的教育部长共同签订了《博洛尼亚宣言》，承诺共同致力于欧洲高等教育区的建设，目的就在于整合欧盟各个国家的教育资源，打通欧盟内部的教育体系，主要的措施包括改革学位制度、学分互换、学历互认与教师学生相互流动等。其中两个重要系统是"学分转化"和"学分积累"系统。

巴拉圭、巴西、乌拉圭和阿根廷四国总统在1991年签署了《亚松森条约》，成立了南方共同市场，其成员国又于1999年签署了《成员国间学术活动相互承认大学学位的协定》，接受学士及硕士学位的共同标准，提出"到2005年实现各成员国学位全部互认、教师学生自由流动、建立研究生培养机构合作机制、完善教师培训与科学研究等远期目标"。

学历互认在高等教育国际化中发挥了重要作用，打破了不同国家教育相对封闭、孤立的学历体系，为共同学习与合作制定了统一的标准，对跨国学习产生了巨大推力。德国于2001年为支持"发展高等教育机构学分体系"，斥资760万欧元，就是为了建立一个具有国际可比性的标准。

三、政校关系

随着全球化竞争的日益激烈和各种矛盾的日益突出，高等教育国际化被提升到了国家战略高度，许多国家在政校关系方面进行了探索。他国经验说明，高等教育国际化的开放性特征要求以市场为导向，转变政府职能，扩大高校自主权。

以美国为例。随着高等教育朝着市场方向发展，高校愈来愈重视对外交流，也通过吸引自费留学生增加办学资金。高校逐渐成为高等教育国际化的主体，政府退居次要地位。美国政府充分尊重大学独立的法律地位，对高等教育不采取直接干预的方式，而主要通过国家政策引导、法制化调控、专项或基金支持和市场化运作等方式来影响高等教育的发展及其国际化进程。我国改革开放40年来，以市场为基础的资源配置机制已确立，旧的单一政府办学体制发生改变。早在1985年中共中央做出了《关于教育体制改革的决定》，指出当前高等教育体制改革的关键,就是改变政府对高校统得过多的管理体制,在国家统一的教育方针和计划指导下,扩大高校的办学自主权。因此,理顺高等教育国际化过程中的政校关系,发挥政府的引领和支持作用,重视高校主体地位,激发高校教育国际化的积极性是很有必要的。

四、社会服务

当代大学的三个主要功能是教学、科研和社会服务。《中华人民共和国高等教育法》也明确规定:"高等学校根据自身条件,自主开展科学研究、技术开发和社会服务"。为社会服务是大学的基本功能和使命,这既是社会对高等教育的需求,又是大学自身特点所决定的。高校的社会服务是指高校在保证正常的人才培养和科学研究活动的前提下,依托高校的教学、科研、人才和知识等资源优势,向社会提供直接的、服务性的、促进经济和社会发展的活动。

高校社会服务主要有四种模式:人才培养、科研合作、咨询服务和实体运行。

高等教育国际化在社会服务功能上具体的体现包括国际化的人力资源储备;国际化的科研合作与技术交流;为国家和地方在教育与非教育领域的国际化问题提供决策咨询和建议;为社会民众拓宽国外教育咨询服务渠道,并及时传播国外教育信息;以服务社会为导向,自主成立或与地方合作成立国际化的实体机构,如在苏州工业园区设立的新加坡国立大学苏州研究所、北京大学与深圳市政府和香港科技大学三方共同创建的北京大学深港产学研基地等;教育服务产业化为高校所在地带来巨大经济利益;宣传推广国内优质的高等教育品牌;加快多元的城市文化建设等方面。

一是要加快教育国际交流与合作综合改革试验区的建设,提升中国教育的国际影响力,提高教育服务国家对外开放实力等。大力发挥政府的主导作用,以及非政府组织的平台作用,创新教育国际化新形式。

二是要加快地方国际化创新人才培养,探索国际化产学研合作新模式,改变过去依靠招商引资、投资拉动的发展方式,推动经济转型。

三是改善地方办学环境。进一步扩大接收外国学生的资格学校范围,办好国际学校,扩充中外办学,为学生接受国际化教育提供便利,让部分学生不出国门留学或者少花钱接受国际教育。

四是建立国际文化中心,一方面,整合高校、研究机构多种资源,面向外籍人士,提供汉语语言文化培训与信息咨询服务;另一方面,通过国际性的文化论坛、艺术表演等多种形式,营造国际化氛围,提升高校学生与市民的国际化素养。

五是要规范出境计划管理。做好留学服务工作，加强外事工作的管理和服务，完善外籍子女就学绿色通道，做好咨询与援助服务。

六是必须畅通政策法规信息渠道，完善公共监管机制，规范中外合作办学行为，对自费留学中介机构做好监管工作。

五、高等教育管理与国际接轨

加入 WTO 后，我国的高校不仅在国内高校间展开竞争，更为重要的是与来自国外发达国家的世界一流大学进行竞争。我国要实现教育国际化，首先要在教育管理体制上与世界接轨，但高等教育管理是一个复杂的过程，需要较长时间的熏陶，才能领略发达国家高等教育管理的精髓。因此，在高校开展学术领域国际交流与合作的同时，教育管理层开展不同类型的交流与合作也同样重要。各国高等教育管理层之间通过相互借鉴、吸收、融合，在教育理念、办学思想、管理模式等领域交流经验，互相学习，扬长避短，使自身更好地融入国际高等教育的大环境中，从而建立既符合时代潮流又满足人类自身发展的高等教育体系。同时，聘用海外高校管理人才，使本土人才与海外管理人才充分融合，产生互动，只有这样才能更快地提高我国高等教育管理水平，用传帮带的形式，带出一批高等教育管理人才。

高等教育国际化是世界教育发展的必然趋势，为全世界各国高等教育的发展提供了更为广阔的舞台，注入了新的活力，也为我国高等教育事业的发展提供了难得的历史机遇。1986 年 9 月举行的"乌拉圭回合"谈判首次将服务贸易列入谈判议题。教育是 12 个服务贸易大类中的一个。教育服务贸易和其他类服务一样，存在跨境交付、境外消费、商业存在和自然人流动 4 种服务提供方式。

我国加入 WTO 对教育服务的承诺是部分承诺，承诺的具体内容如下。在项目上不包括军事、警察、政治和党校等特殊领域的教育和义务教育，即以上领域不对外开放。除上述特殊领域和义务教育外，我方在初等、中等、高等、成人教育及其他教育服务 5 个项目上做出承诺，许可外方为我方提供教育服务。在教育服务提供方式上，对跨境交付的教育服务未做承诺；对境外教育消费未做任何限制；允许商业存在，即允许中外合作办学，但不一定给予国民待遇；对自然人流动，承诺具有一定资格的境外个人教育服务提供者应中国学校或教育机构聘用或邀请，可以来中国提供教育服务，中国教师也可到外国任教。因此，我国加入 WTO 所做出的教育服务承诺将使我国教育面临许多新的情况。

第四章 国外高等教育国际化发展研究

国际化已成为各国高等教育发展的重要契机与挑战，它不仅攸关其能否与世界高等教育的发展路线接轨，也决定其是否具有市场的国际竞争优势。尽管各国高等教育国际化的主要举措或者重心不同，但均围绕学生国际流动、教师国际流动、课程国际流动和机构国际流动四个大的指标类别与策略形式展开，国际化课程体系的建立与海外分校的改良或教学中心的设立是新近高等教育国际化的做法。本章重点以高等教育国际化先进国家美国、澳大利亚、日本、马来西亚以及芬兰为案例，探讨这五个国家各自在高等教育国际化领域的重要经验，归纳共同的趋势与面临的挑战，为中国高等教育国际化改革与发展提供参考。

第一节 美国高等教育国际化分析研究

自 20 世纪初期首度提出"国际教育"的概念以来，经历第二次世界大战与冷战期间的低潮，至今日，美国已发展成世界上最大的高等教育输出国，国际学生招生规模长期居于世界第一位。2013 年，在美国高校就读的国际学生人数接近 89 万，远远高于其他高等教育输出国。美国的高等教育国际化领先者的地位的取得，最初得益于其高度发达的高等教育系统本身对外国学生的吸引与母语英语作为高等教育工作语言的客观优势。但是，随着国际高等教育市场的不断扩大，美国所面临的其他国家的市场竞争压力不断增加，美国在国际学生指标上的全球占有率已出现了下滑的趋势。1998 年阿特巴赫与皮特森对当时美国高等教育国际化的现状与存在的主要问题进行了探讨，指出美国高等教育国际化最显著的局限之处在于相关财力资源不足与具有针对性的政策的缺位。这两者的匮缺均反映出国家对于高等教育国际化并未给予真正的关怀，造成美国的大学生与教师以及美国社会各个阶层、各个部门欠缺推进和强化高等教育国际化的意识与持久投入。故虽然近年来大量国际学生进入美国高校，但这一庞大的国际学生群体总体上难以真正融入美国的社会生活。此外，美国本土的大学生在学期间海外进修比例极小的问题也引起了美国教育界与社会各界的关注，要求联邦政府与各大学增进大学课程国际化及美国本土学生国际学习经验的呼声日增。进入21世纪，针对高等教育国际化领域的主要问题，美国联邦政府开始有意识地加强对相关政策的制定与举措的实施，务求为高等教育国际化提供一个政策的基本框架，描画可行的方向与路径。与此同时，联邦政府对高等教育国际化事务的关注也获得了美国高等教育民间组织的积极响应与协助。

一、联邦政府的高等教育国际化行动

美国的高等教育国际化是其全球化战略在高等教育领域的反映，其以1958年的《国防教育法》、1966年的《国际教育法》等国家立法的形式将针对高等教育国际化的要求加以同化，使之成为国家的意志，因此也确立了美国高等教育国际化基本的制度框架。在国际化制度保障前提之下，自2000年，联邦政府开始对高等教育国际化事务实施明确的介入，为各州高等教育国际化及院校的国际化提供政策依据与行动标尺，切实地推进高等教育国际化事业。关于21世纪初美国联邦政府的高等教育国际化行动，已有研究者对之加以归纳，得出以下要点。

第一，发起"国际教育周"活动，以在全国范围各个层面上建构全员参与的高等教育国际化环境。2000年，联邦教育部启动"国际教育周"的教育行动，旨在促进美国大学生了解其他国家文化、语言及政治。该活动广泛涉及美国高等教育界及社会各个方面，各州高校、美国驻外使馆、国际组织、商业社团、协会及地方社区皆被纳入活动的承办单位范畴。教育周活动以高等教育的国际交流为主，以公共演讲、研讨会、文化展览、社区活动等多样化的形式展开。联邦政府认为，通过"国际教育周"活动，美国教育界与国外教育界可以有更多的渠道搭建更广泛的国际合作与交流平台，增强美国社会、大学校园及课堂的国际化氛围。强化后的国际教育交流能够促进国际教育界乃至不同民族、国家之间的相互理解与尊重。

第二，建构十年百万美国人海外求学的蓝图，鼓励并支持美国学生海外研修。2004年美国国会成立了"林肯海外留学奖励计划委员会"，负责制定美国学生海外留学的国家策略。2005年11月该委员会发布了《全球竞争力和国家需要：一百万名美国学生海外进修》计划书。这份计划建构了至2017年美国高校每年共派出100万名大学生到海外学习的宏伟蓝图。强调海外进修不仅是拓展美国学生个人视野，培育其全球公民的品质，更有助于维持美国民主价值和国家利益。该报告预期，至2017年，赴海外进修的美国学生人数将到达每年100万人，即超过半数的美国大学毕业生将由此途径而具有

海外进修的经历。为落实如此宏大的美国学生海外进修计划，美国众议院于2007年通过了《保罗·西蒙留学基金法案》，并成立了保罗·西蒙基金会，要求联邦政府在10年之内每年向基金会注资8000万美元，由基金会操作资助总共100万名美国大学生赴海外研习，受资助的高校须尽力解决阻碍学生海外研习的校内问题，设立海外研习办公室，负责推动本校学生海外研习进程。

第三，调整签证及移民政策，放宽入境限制，促进外籍人士赴美学习、研修。2004年，鉴于"9·11事件"之后美国高等教育国际化停滞的问题及其对美国高等教育发展的负面影响，联邦政府开始放宽外国人签证与入境的限制，试图在国家安全与吸引国际师生、学者赴美留学与研究之间求取平衡。2005年美国国会通过了《移民综合改革法》，给予国际学生临时工作的H—1B签证由每年6500个增加到11500个，另外决定给所有在美国大学接受高等（硕士学位以上）科学、技术、工程与数学教育的国际学生免除临时工作签证与绿卡配额的限制。

第四，加大现行的国际教育计划的执行力度。富布莱特计划是美国主要的国际教育方案，它依据1946年通过的法案设立，是由美国国务院与外国政府共同推动的国际双边的学术与文化交流活动，其目的在于通过人员、知识和技术的国际交流，促进美国和其他国家人民的相互了解。此计划自2000年开始启动，每年被资助人员的名额不断扩大，至2009年，已年均提供7500个奖学金名额给予美国本土师生及国际师生、学者和专业人员，使受资助者可以在美国境内、美国本土，从事科学研究或教学、实习或攻读高级学位。

二、地区组织的高等教育国际化参与

自21世纪初始，联邦政府对高等教育国际化的行动介入不仅加速了美国高校的国际化节奏，还进一步促进了地区组织对高等教育国际化的参与。在此，笔者选取美国国际教育工作者协会和美国教育协会两个大型地区教育组织，就其参与美国高等教育国际化的情形加以介绍。

美国国际教育工作者协会于1948年成立，原名为"全美外国学生咨询服务协会"，其成员为美国各高校负责外国学生相关事务的人员。该组织的目的在于促进美国高校外事人员的专业发展，以解决前来美国就学的外国学生提出的各类需求与实际问题。至1990年，国际教育工作者协会已有来自1800多所学校的6400余名会员。随着组织规模的扩大以及高等教育国际形势的变化，加之"全球竞争能力"对当代大学师生素质提升的重要性的增加，国际教育工作者协会的服务方向已不止于国际学生事务，而是扩增至对高等教育双向交流的指导与服务，包含了美国本土学生与教师、研究者的海外进修、语言学习、交流合作计划等。该协会每年展开对美国高校"校园国际化"的全国性评比，目的之一是记录国际化如何影响美国高等教育。协会的更名也正是为了凸显组织的主旨与功能的扩大。至今，国际教育工作者协会已发展成北美地区最重要的地区高等教育国际性组织，每年的年会吸引数千名来自世界各国的国际教育人员参与，展开国际教育的培训与合作交流。年会的常规项目包含工作坊、展览、演讲与活动。同时，来自各国的高等教育机构或地区高等教育组织也借助国际教育工作者协会年会的国际交流平台，在年会期间展开学校宣传与校际合作项目洽谈等国际教育活动。

成立于1918年的美国教育协会是当前美国规模最大的地区高等教育组织。该协会虽不似国际教育工作者协会完全聚焦于高等教育国际化事务，但促进美国高等教育的国际化是其现阶段事业的发展重点。美国教育协会在20世纪90年代期间即成立了国际化促进中心，提供会员学校国际化的项目策划与服务，包含增进美国大学校园的国际化、高等教育的国际合作、举办高等教育国际化议题相关研讨会等。国际化促进中心也频向美国高校领导者建言，建议他们利用各自掌握的资源，广泛宣传美国高等教育，积极开发与发展中国家的高等教育机构的合作关系。国际化促进中心后改名为国际化与全球参与中心，着重关注对全国性的高等教育国际化发展项目的组织筹划，以应对越发重要的院校国际化发展的需求。自21世纪初，在国际化与全球参与中心的领导下，美国教育协会已组织有广泛影响力的全国性高等教育国际化长期项目或举措多项，包括高等教育国际化实验室、高等教育国际化合作、院校领导者网络、国际化行动等。

综上所述，类似美国国际教育工作者协会与美国教育协会的高等教育地区组织在美国高等教育国际化发展中起到了重要的推动作用。归纳起来，这些教育地区组织对美国高等教育国际化的重要贡献在于汇集国际高等教育的信息资源，并建立了适宜的校际分享与合作的平台。这个合作平台不仅可以供美国高校展开资源共享，共同成长，也可以为美国院校与国外机构提供校际合作的信息参考。

三、院校的全面国际化取向

在由联邦政府主导，民间组织从旁协助而构筑起来的高等教育国际化支持框架下，美国高校普遍从各自的国际化进程中获益。这些收益集中体现在国际学生比例的稳定或提高、本校师生对外输出数量的持续增长与国际化课程体系的建设或改造、院校组织为适应国际化需求自发的结构性变化以及校园国际化文化的形成等方面。这些收益表象的背后，是在世纪之交全球化脉络之下，为使美国人具备全球视野进而成长为全球公民，美国高校国际化在理念与范式上的深刻变化，即由单向度的、非系统性国际化的，向双向度的、多元的、全面国际化的转变。

美国教育协会敏锐地观察到了进入21世纪后美国高等教育国际化这一进化的趋势，将其描述为"全面国际化"，并指出"全面国际化"作为一种教育理念，对学校的总体理念、政策的制定以及校内人员的行为均会产生深层次的影响；同时它也是一种广泛的、深层的和整合性的国际化实践，能够让大学校园走向完全国际化。在美国教育协会国际化与全球参与中心积极推广下，"全面国际化"作为高等教育国际化领域的一个新术语及其基本的内涵已经被当今美国高教界与学术界普遍认同与采纳。另一个全美大型民间高等教育组织——美国国际教育工作者协会的定义则着重强调了"全面国际化"作为一种国际化行动对学校办学的渗透式影响，即"全面国际化"可以渗透到高等教育的各个方面，如教师发展、课程设计和应用、教学设计、学生和教师多样性、研究及奖学金、对外培训及教育、发展援助、学生支持服务和学术支持服务、资源开发、财务管理、风险管理、高校竞争力以及定位、公民参与等。换言之，在院校的层面上，"全面国际化"实质上是一种渗透式的国际化模式，所引发的是学校全方位的、由表及内的组织变革。总体而言，自20世纪初，美国高等教育已经进入一个"全面国际化"阶段。联邦的政策导引与民间组织的国际化参与皆是以"全面国际化"为其要旨的。在联邦政府的政策导引与以美国教育协会、美国国际教育工作者协会为核心的民间教育组织力量的协助下，从顶尖的研究型大学到普通的综合性大学、文理学校乃至基层的社区学院，美国高校普遍在"全面国际化"的思维指引下探寻着适合自身的国际化路径，学校的内涵与外延也在全面国际化的进程中发生了变化。

作为一所公立综合性高校，自20世纪90年代起，波特兰州立大学开始致力于国际化的发展，曾因校园国际化的优秀表现而获得由美国国际教育者协会颁发的保罗·西蒙奖。该校积极参与联邦"国际教育周"活动，较早加入了联邦政府的保罗·西蒙留学基金资助计划，也是美国教育协会领导组织下各高等教育全面国际化发展项目的积极参加者，其国际化事业深受联邦政府的国际化政策与民间组织倡导的"全面国际化"项目的影响，是美国高校在院校全面国际化领域的代表之一。近期，波特兰州立大学发布了面向2020年全面国际化策略，指出国际化的意识与原则将渗透和运用于学校经营的各个环节，成为学校发展的核心机制。在此，我们尝试拿波特兰州立大学的全面国际化策略管窥 21 世纪初美国高校全面国际化运动的场景。

波特兰州立大学的全面国际化策略有六个优先项目，每个优先项目之下又有若干行动目标与之配合。

（一）学生的学习

通过营造优质的国际学习环境，向所有学生提供国际参与跨文化体验的通道，使之成为同时具备全球意识与责任感以及能适应现实世界的公民。行动目标为：将国际化的学习目标系统地融合到通识教育与专业教育中；扩大国际学生规模，建立健全针对国际学生的留学指导体制，以增强并改善其校内外的跨文化学习体验。

（二）教职员的学术研究

认可与鼓励教职员展开有价值的国际性研究。行动目标为：设计与实施创新的研究机制，协助教职员以全球的视野展开研究，并支持教职员以国际化与院校可持续发展为题展开教学与研究；在高等教育国际化研究与院校可持续发展研究方面，支持比较研究以及高等教育国际化视野下的波特兰城市研究。

（三）院校的组织架构

系统地考察与确认面向在校教职员和学生在研究、教学与服务三大领域的国际化需求，学校在组织层面上的对应支持。除此以外，对诸如学科专业与研究所、研究中心等学校职能部门之间协同的过程与效果展开评估。然后基于此评估的结果，再确立学校各个部分之间合作与融合的机会与途径。行动目标为：建立全校国际化委员会，调查研究与国际化相关的行政指令文件、国际化活动和辅助性举措；委员会与校内涉及国际化的研究中心、研究所、学系之间开展密切的合作。具体而言，该委员会有以下职责：一是在指令文件、活动与辅助举措之间寻找需要改进的共同问题；二是提供国际化发展的建议与观点，寻找学校各个部门之间在国际化维度上可以进一步衔接的点或空间，确保在学校的国际化事务治理领域，包括财务、校友在内多方面的参与性。此职责的行使旨在保证学校的国际化策略实施的经济基础。

（四）地区的国际化

加强波特兰地区的国际化水平，此优先项目的实现要求学校在外部伙伴关系的构建中融合全球的思维与跨文化的理解。行动目标为：协调学校与国际化教育相关的各项资源，包括国际学生、院系所专家、国外访客、海外校友，以促进国际化视域下学校与社区的合作伙伴关系良好发展；将学校形塑为构建波特兰地区全球化意识与多元文化理解的重要机构。

（五）全球战略的调整

学校的全球合作战略将调整落实到两个方面：一是继续维持学校与东亚学校、中东高校的合作关系；二是拓展与东南亚高校、拉美高校的关系，并适时地探索与南亚高校和南美高校合作的可能性。行动目标为：针对原有长期合作关系的地区（东亚与中东），进一步完善原有国际合作路线与具体举措，增强合作关系的可持续性；参与越南高校、墨西哥高校及印度高校的国际化改革，谋求建立与上述国家高校的国际合作伙伴关系。

（六）海外校友资源的开发与利用

进一步开发与强化与海外校友群的联系网络，以便在招生、学术交流及财源三个主要方面助力学校的卓越发展。行动目标为：启动面向中东与东亚区域的校友捐赠计划；针对学校全面国际化的总体目标，确立一项海外校友与学校的院校发展部门共同参与的长期投入项目。

美国高等教育国际化策略的内容根据不同时期社会、政治、经济对高等教育的需求来调整和完善，也因此使美国高等教育实现了从引进教育模式到出口教育的转变，美国在1991年开始成为世界国际学生最多的国家，到今天这一成绩保持了27年，从某些方面这也说明了美国各界二十几年来的努力。

第二节　澳大利亚高等教育国际化探析

20世纪末21世纪初的世纪之交，澳大利亚高等教育国际化的表现非常突出，1997年至2006年十年间，澳大利亚年均招收国际学生的增长率高于美国、英国、加拿大等其他主要英语系国家，且连续地呈两位数增长。根据澳大利亚国际教育处2013年统计数据，当年在澳高等教育机构注册的国际学生总计近25万人，生源覆盖世界190多个国家和地区。单从学生的国际流动角度看，澳大利亚高等教育国际化的成效无疑是卓越的，至少在数量上的持续扩张令人为之侧目，澳大利亚现象背后的动因与有关策略值得进一步探究。

一、澳大利亚高等教育国际化的历史进程

澳大利亚曾经是英国的殖民地，其高等教育既受英国的影响，又有自己的特色。自从模仿英国的高等教育成立第一所大学——悉尼大学（1850年成立）以来，澳大利亚大学就感到了国际学术交换的需要，这种需要与其远离

欧洲和北美的大学有关。澳大利亚的高等教育经历了一个发展过程，可以说，澳大利亚的高等教育的发展史就是其国际化的历史进程。第二次世界大战以前，澳大利亚大学没有国际化概念，高等教育国际化维度很大程度只是单方面向外流动。高等教育国际化与留学生教育紧密相连，进入20世纪50年代以来，随着世界范围内留学生教育高潮的兴起，澳大利亚对国际教育政策进行了几次重大调整，逐步形成了颇具特色的高等教育国际化发展战略。随着社会的发展，由于经济结构得以调整，市场经济得到充分发展，教育资源相对国内需求有很大剩余，澳大利亚把剩余教育资源转移到发展中国家，开辟新教育市场。

（一）移植英国高等教育模式时期

在殖民地时期和联邦时期（1902—1931年作为英国的自治领地时期），澳大利亚模仿英国的高等教育，成立了第一个大学——悉尼大学，在这以前只有少数极有钱人的子女能去英国大学学习。

随后，澳大利亚按照每个州建立一个大学的计划先后建立了墨尔本大学、阿德莱德大学，以及三所与州同名的塔斯马尼亚大学（1890年）、昆士兰大学（1909年）和西澳大学（1911年）。虽然澳大利亚根据1931年英国国会批准的"威斯敏斯特法案"获得内政外交的独立自主权，但是全国高等教育并未提到重要议事日程。第二次世界大战以前，澳大利亚人口增长稳定，以上六所大学可以满足这种增长对高等教育的需要。

（二）高等教育恢复和重建时期

第二次世界大战爆发后，澳大利亚也卷入其中，其高等教育事业受到影响。战后，澳大利亚经济的恢复需要教育的支持，多条战线急需的人才有待高校尽快培养。为此，联邦政府制订了相应的高等教育重建计划，其中包括联邦政府拨款资助高校的内容。计划的实施使得高等教育得到了恢复，高校在数量上有所发展。1946年创立了澳大利亚国立大学，从1948年起高校设立学位。第二次世界大战后，随着移民的大批涌入，澳大利亚人口迅速增加，经济也迅速增长，对具有大学学历劳动力的需求开始增加，这样就促使其高等教育的发展。在1946—1975年间，相继开办了13所大学。这些大学主要设在城市，以满足迅速膨胀的城市人口对高等教育的需求。

（三）"对外援助"时期

澳大利亚对国际化的第一次重大的转变始于战后几年，这几年发达国家的外交政策发生了显著的变化，反映了他们想结束殖民主义的态度。随着世界贸易的增长，发达国家通过提供援助以帮助发展中国家社会和经济的发展。澳大利亚是主要的扮演者，为援助南亚和东南亚国家发展，于1951年7月启动《科伦坡计划》，《科伦坡计划》标志着澳政府第一次正式成为澳高等教育国外学生学习的直接倡导者。澳大利亚根据《科伦坡计划》，为部分发展中国家派遣赴澳的留学生提供巨额援助奖学金，但对海外学生的入学人数有严格的限制，又可部分或全部减免学费并接受联邦政府的资助。这一政策一直延续到70年代初。1973年，澳政府重新评估了留学生政策，决定将因私赴澳的外国留学生总数控制在1万名以内。1974年1月，澳政府决定取消高校收费制度，留学生同样无须缴费。1979年，澳大利亚开始实施"外国留学生收费条例"，规定留学生必须交纳培养成本1/3的费用，其主要内容有以下几点。（1）取消海外留学生总数1万名的限制，并根据外事关系的密切程度向未建交的国家提供留学生配额。（2）采用"签证费用"后又被称为"海外留学生费用"，约占大学经费总额的10%。所以，因私留学生受澳政府的"资助"。（3）要求所有海外留学生在澳大利亚完成学业后至少回国工作两年后方可申请移民澳大利亚。

（四）"对外贸易"时期

进入20世纪80年代，在高等教育国际化的问题上，出现了两种截然不同的观点。一种是杰克逊委员会的观点，1984年该委员会向联邦政府提交了《杰克逊委员会关于澳大利亚海外援助项目的考察报告》，内容为："教育应该被视为一种出口产业，要鼓励学校相互竞争，争取更多的生源和资金"，"澳大利亚教育服务中的国际贸易有可能成为本国一种重要的新兴产业，具有很大的潜力。"另一种是戈德林委员会发表的《戈德林委员会关于自费海外留学生政策的考察报告》，他们认为："本委员会曾多次讨论海外留学生的教育是否要走市场化道路，但最终因其涉及正规教育问题而被否决。"

经过澳大利亚各方面的讨论之后，杰克逊的观点被逐渐接受，澳大利亚新的海外留学生政策（把前面提及的援助式政策变为商贸式政策）应运而生。1985年联邦政府公布了对外国留学生收取全额费用的指南书。

在这一时期澳大利亚的高等教育得到了巨大的发展，大学数量迅速增加，主要原因有：人口的持续增长；政府为发展高等教育制定一些鼓励性的政策；经济结构的调整以及这种调整导致的经济发展对技术和研究型大学的依赖增强；由于经济的全球化，需要更多通过高等教育获得国际认可的学历和技能的人才等。

（五）"国际化"时期

进入 20 世纪 90 年代，由于国际国内形式的变化，澳大利亚政府重新审视了此前的留学生教育政策，1992 年重新定位国际教育的政策重点，但并未放弃教育出口部分，即"从贸易到国际化"的新政策。从贸易到国际化的转变并不是一个容易的过程，这包含了一个全新的国际化策略的观点，策略追求主要表现在以下几点。（1）免费留学生术语消失，用国际学生取而代之；（2）国际办公室和他们的线性管理的重组；（3）在招生的过程中，市场和商业词汇的使用逐渐减少；（4）策略具体指国际化过程中的任务声明和策略计划；（5）接受诸如课程国际化等关键问题的重要性；（6）加强熟悉国外资格认证，认可高等教育学位等值；（7）认可国际化的非商业利益。

同年 12 月，就业、教育和培训部部长新政策的重要内容集中于教育价值和教育质量，以亚太地区为中心，并进一步开拓澳大利亚国际教育活动，除了国际学生的流动外，高等教育国际化的其他四个方面在当前的政策中也受到了重视，如教职员的国际流动，课程的国际化，政府、机构间的国际联结。1994 年澳大利亚就业、教育和培训部部长总结到，澳大利亚国际化的背景如下："国际化已经通过提供广泛的课程为国内学生增加了学习的机会，在阐述该政策时，提出将把重点放在教育国际化上，认为国际教育是澳大利亚国际关系的一个重要组成部分，它有利于拓展国际文化、经济和人民之间的交往，促进相互了解，同时从国际发展的角度来充实本国教育和培训体系及社会体制。"

二、澳大利亚高等教育国际化的实践

高等教育国际化实践不仅表现为国际化的教育观念、人员的国际流动、国际合作、成立国际教育机构等，而且开始涉及高等教育的内部层次——课程。课程的国际化从以往高等教育国际化的边缘逐步成为核心内容，成为各国提高高等教育质量、实现高等教育国际化的主要手段之一。所以笔者在本部分考察其高等教育国际化实践的框架如下：国际化的观念、人员的国际流动、课程的国际化、国际合作等。

（一）国际化的观念

高等教育国际化发端于 20 世纪 50 年代的北美、西欧、澳洲等高等教育发达的国家，其发端和发展都由于政府和高校对高等教育国际化问题的重视，因而制定了鼓励高等教育国际化发展的法令和培养目标。培养目标的国际化，就是培养面向世界通用的人才。澳大利亚高等教育国际化可以追溯到大学创建伊始，第二次世界大战后又有大发展，已经开发出一个针对亚洲的具有战略意义的教育培训援助计划，该计划通过著名的《科伦坡计划》的实施，由此与国外合作伙伴建立了持久的联系。1969年，通过澳大利亚大学校长委员会，澳大利亚几十所大学联合建立了"澳大利亚高等院校国际开发计划"，旨在执行澳大利亚高等教育方面的援助项目。此后出台的"知识国家"战略、"澳大利亚网上大学"设想、"创新计划"等，保障了大学在经济中举足轻重的地位，使大学的国际化程度成为决定其经济走向全球化、建立知识经济的重要砝码。澳大利亚在教育国际化问题上的基本观点包括：

（1）教育国际化是澳国际关系中日益重要的一部分，它有助于澳大利亚加快高等教育国际化的步伐，增进世界各国文化的认识和理解，促进友好关系的发展；

（2）促进澳对国内教育和职业培训体制的改革，使之在形式上和内容上适应国际教育发展的新需求；

（3）使澳获得所需的科学技术，以对付全球性的现代高科技的挑战，提高澳的国际竞争力；

（4）使澳教育成为赚取外汇的一个重要部门；

（5）海外学生亲友到澳探访将促进澳旅游业的发展；

（6）使澳学生和教师有丰富的国际经历，扩大视野，有利于高素质人才的培养；

（7）吸收海外的优秀学生和学者，可提高澳学校的知名度；

（8）大量的海外研究生成为澳科研领域的重要力量，其成果是澳科技成果的重要组成部分；

（9）通过教育国际化和职业培训，促进了研究方面的使用、技术转让和经贸关系的发展；

（10）提高澳在国际科学技术领域的地位和作用；

（11）澳在教育和职业培训方面的国际援助有利于受援国对澳的了解，有利于澳长远的政治、经济及战略上的利益；

（12）留学生大部分来自亚洲，大大提高了澳同迅速发展中的亚太国家在经济、政治、文化方面的合作进程；

（13）在澳的海外学生日后成为亚太地区国家领导人物时，将为澳社会、政治和文化带来极大益处，增进相互的了解和联系。

（二）人员的国际流动

高等教育国际化随着时代的发展内容不断丰富和扩展，其中人员的国际流动成为高等教育国际化的基本形式之一。人员的国际流动在20世纪70年代受到人们的关注，90年代后的发展更为惊人，特别表现在积极吸纳外国留学生、推进访问学者互访，鼓励本国学生到海外学习，利用现代高科技手段建立网络大学等方面。

教师的国际流动是高等教育国际化的一个核心部分，是实现教育国际化的一条捷径。具有国际知识和经验的教师可以直接推动教学、科研的国际化发展。教师可以到外国进行一些跟上时代的高深研究，从事某项特定的研究项目或钻研某种专门的学科。这种方式可以充实教师的训练，提高他们的能力。1995年，澳大利亚高校签署的教学人员海外交流协议共有997个交流名额。澳大利亚大学校长理事会也努力扩大大学教师参与理事会国际交流的范围，为此，专门针对主导课程开办了一个季度的项目，吸引国内外学术和行政人员参加。最近开办的课程培训项目中，参加者有来自南非、斐济、新西兰等国的教师。理事会鼓励本国大学在与海外大学的合作协议中包含教师的自我提高项目。当然，在澳大利亚大学校长理事会与其他国家科研机构的合作协议中，也包含了提高教师自身素质的项目。可以看出，教师的国际化在教学、科研与管理方面起着重要作用。

学生的国际交流是高等教育国际化的一个重要因素，学生的国际交流和教师的流动一样，可以开阔其在智力方面和文化方面的眼界，也可以找到通向最好的或最专门化机构的道路。相对于欧美发达国家，亚太地区的澳大利亚的人员流动近十年来发展较快，20世纪90年代前留学澳大利亚的学生只有数千人，90年代以来，其留学人数剧增，1993年6.1万人，1994年增至7万人，其中86%的海外自费留学生来自亚洲，1999年9.34万人进入澳大利亚学习，2000年达到10.8万人。

（三）课程的国际化

高等教育国际化带来了课程国际化的问题，一方面要求增设具有国际意义的专业课程，另一方面要求一般课程具有国际意义，以适应教育内容的国际化要求。课程国际化，即将国际或跨文化内容引入高等教育教学、研究、社会服务，这将是21世纪高等教育的最根本趋势之一，其目的是要培养适应全球化的、急剧变化的、联系紧密的世界所要求的人才。1990年4月，澳大利亚共有845所高校被授权为外国留学生提供各类国际性课程。澳大利亚实施课程国际化的途径主要有：

（1）增加课程中的国际性内容；

（2）创办联合学位课程，包括专业课程和国际研究/语言课程；

（3）开设涉及多国的交叉项目；

（4）引进语言学习和地区研究；

（5）采用比较和跨文化的研究方法；

（6）规定部分国外学习课程或外国学习经历；

（7）安排在海外实习或教学旅游；

（8）聘请外国访问学者授课。

其目的是使课程和教学方法更具国际竞争力，使教学内容和教学质量进一步提高。比较而言，墨尔本大学、皇家墨尔本理工大学、莫纳什大学、新南威尔士大学等高校更加关注国际化课程。其中莫纳什大学在其5个校区共招收4500多名外国留学生，该校还通过双边协议，在马来西亚、新加坡、中国香港开设莫纳什课程。皇家墨尔本理工大学每年都对该校的国际政策进行评估调整，以适应留学生之需。

（四）国际合作

跨国办学是高等教育的国际合作的重要形式，主要有两种类型，一种是在国外设置高等教育机构，澳大利亚向马来西亚输出教育资源，提供远距离高等教育。澳大利亚的大学以国际合作办学的形式在我国设立了十余所高等教育机构，一般以我国大学的二级学院的形式出现，但事实上在高等教育经费的投资、使用和管理上，却是主要股东，因而在学校的重大事务中，有优先发言权，如上海大学的悉尼工商学院。另一种是利用现代信息技术实施远程教育，把其教育资源通过网络输出到其他国家。

1. 澳大利亚国际教育组织

澳大利亚国际教育组织又被称为澳大利亚国际教育基金会（AIEF）成立于1994年，从20世纪80年代以来，澳大利亚的教育，尤其是高等教育发生了较大的变化，国际教育交流与合作有了可观的发展。1985年以前，来澳的外国留学生人数很少，且几乎全部由澳方资助。从1985年起，澳大利亚开始招收海外全自费留学生，教育部门正式提出了把"援助变成商贸"的口号，即确立了"教育输出"的政策。澳政府为了提高其在国际上，特别是在亚太地区的声誉，加强教育输出，决定成立澳大利亚国际教育基金会，以便能够及时准确地掌握国际人才市场信息，加强对海外的宣传与服务，吸引更多的海外留学生来澳自费留学，通过教育输出，为澳引进更多的资金。该组织旨在加强澳大利亚教育与培训的国际化，促进教育输出，主要职责如下：

（1）就澳大利亚参与国际教育交流活动的方针和政策提出意见和建议；

（2）与本国工商企业及其他政府部门合作，向海外宣传推广澳大利亚的教育与培训服务；

（3）掌握海外各地教育市场动态，不断调整澳大利亚国际教育政策；

（4）设立小额奖学金和短期培训援助项目，择优发给来澳留学的学者和学生；

（5）提供专款资助澳大利亚海外校友会开展各类活动。

2. 澳大利亚教育国际开发署和澳大利亚大学校长委员会

在1969年成立了澳大利亚教育国际开发署（IDP），有400多个会员院校。它通过在许多国家特别是亚太地区的国家或地区开设办事机构扩大澳大利亚的教育市场，一方面向政府部门、海内外教育机构、基金组织提供教育信息服务，并开展国际教育展、国际会议、教学旅游、合作培训等工作；另一方面还就高等教育国际化问题进行研究，如"澳大利亚、新西兰、英国、加拿大、美国五国外国研究生课程教育成本比较分析""国际化和高等教育：目标和战略""关于国际教育中国家政策与实践的比较研究"等。澳大利亚大学校长委员会（AVCC）是由全澳37所大学校长组成的非政治性、非牟利性组织，以发展教育为己任。该组织在积极推动高等教育国际化方面做了大量的工作，在2000年制订了推进高等教育国际化三年行动计划（2000—2002年），旨在保证澳大利亚高等教育体系的质量和国际化活动的水平，使高等教育系统更富有国际性，树立澳大利亚在亚太地区和印度洋地区教育合作与交流中的领导地位。

三、澳大利亚高等教育国际化的启示与借鉴

我国自1979年起开始恢复世界各国的教育交流与合作，特别是1983年9月邓小平同志提出教育的"三个面向"，为我国的高等教育改革和发展指明了方向。1985年27日发布的《中共中央关于教育体制改革的决定》明确指出："教育体制改革要总结我们自己历史的和现实的经验，同时借鉴国外发展教育事业的正反两方面的经验。要通过各种可能的途径，加强对外交流，使我们的教育事业建立在当代文明成果的基础之上。"虽然我国高等教育的国际交流活动已全面展开并取得了引人注目的成绩，但是我国还没有正式提出高等教育国际化的基本思想和具体方案。当前，中国高等教育现代化和国际化进程虽然在不断加快，但在整体水平上还相当低，当今中国高等教育在通用性、交流性、开放性等方面做得还不够，还需大力推进国际学术交流和合作研究，坚持留学生的派遣和扩大接收留学生的规模，提高大学的学术水平，使高等教育规章制度尽量与国际惯例接轨。通过对澳大利亚高等教育国际化的研究，我们至少可以从中得到以下几点启示。

（一）积极推行高等教育国际化战略

澳大利亚十分重视高等教育国际化问题，对高等教育国际化有非常深刻的认识和明确的理念与观点。它比任何一个国家都更加认真地致力于研究具有吸引力的高等教育国际化措施，对澳大利亚高等教育国际化的市场有准确的定位。澳认为，在高等教育国际化方面自己特有的优势可加以充分利用。近年来，亚洲经济飞速发展，国际性人才需求旺盛，而本国的教育又不能满足需求。当今高等教育国际化的重要市场是经济正在迅速发展的亚洲国家。澳与亚洲相邻，同其他西方英语国家相比，有地缘上的优势；澳的教育质量上乘，服务周到，学费比美、日、加便宜，敢于在国际市场上与其竞争；澳是一个多民族、多元文化的移民国家，社会安定，不歧视少数民族，环境优美，生活、工作条件舒适方便，对海外学生和科研人员来澳学习和定居有很大的吸引力；澳的远距离教育有着悠久的历史和丰富的经验，借助现代高技术电子媒体手段，可向亚太地区提供全面的国际化的课程及多元化服务。因此，澳将其高等教育国际化面向世界的同时，除美国外，重点放在亚洲。澳为了实现自己的目标，采取了一系列重大而有效的高等教育国际化措施。

（1）大力加强高等教育国际化的调查研究，启动了三项研究计划，即"高等教育国际化的资金筹措和效果""高等教育国际化的目标和战略""大学与产业界的合作方式"。这些研究的主要内容是：海外学生的动向以及大学课程国际化对经济的影响；澳高等教育国际化的规划和组织战略；通过对教育国际化利益的认识，鼓励澳高等教育部门去实践；确定教育的方针政策，鼓励大学与私人企业之间的合作及亚太国家之间大学与企业的联系。

（2）努力提高教学质量。为此，澳对外援助局与澳各大学签订了专门协议，以保证向海外研究生提供高质量的教育服务。

（3）各大学积极与国内外有影响的企业集团合作。这为澳高等教育国际化增添了雄厚的经济实力，带动了学校科研成果的推广和应用。这也是近几年来澳教育国际化中的一个显著特点。

（4）在积极开展高等教育国际化的同时，澳十分注意保护本国学生的利益。如：各学校在接受海外学生时，必须执行澳教育委员会所制定的法规；不得占用本国学生的名额；用于国内教育的财力不能用于海外学生；海外学生所需的教育开支由联邦政府支付。

（5）强调教育研究机构及大学要加强与移民局的相互协调。一是防止出现人才市场失控；二是要尽量使移民国别多样化，在移民问题上过于集中于某一国家会损害澳的安全利益。

（6）积极参与国际教育市场竞争。为此，澳在国内外设立了不少推进教育国际化的咨询服务机构,加强海外宣传,举办展览,刊登广告,千方百计吸引海外学生。

霍华德政府颁布了"创新计划",以信息技术、通信以及科技为主要目标,努力建立并加强澳大利亚"新经济"形象,即"知识经济"。前总理霍华德同时呼吁工商界人士在未来5年里投资60亿澳元,推动本国的科研与开发,这充分体现了政府建立"新经济"国家的迫切心情。在建立"新经济"国家的过程中,澳大利亚的大学无疑发挥着极为重要的作用。而大学的国际化,又是澳大利亚经济走向全球化、建立知识经济的重要桥梁。

我国应该不失时机地提出高等教育国际化战略思想,比如《中华人民共和国高等教育法》(以下简称《高等教育法》)中就有我国高等教育国际化战略思想的表述。令人欣慰的是,国务院1997年第57次常务会议讨论通过的《中华人民共和国高等教育法(草案)》第九条指出:"国家鼓励和支持高等教育事业的国际交流与合作",但是还没有高等教育国际化的表述。在改革和发展高等教育的过程中,在实施"211工程"的进程中,面向世界,面向未来,既是我国的高等教育适应自身社会经济发展的需要,又为世界和平和进步事业做出贡献。

(二)鼓励其积极推行高等教育国际化

高校自主权是澳大利亚高等教育的重要特征。制度不同,做法也不同。澳大利亚36所大学可以说是36种制度。大部分学校是联邦政府或州政府所属。有些大学非常依靠政府,而有些则游离在政府之外。体现自主权的一个重要方面是政府从不过问学校对校长的选择和任用。每所学校都有一个负责选择和任命校长的机构,同时也有控制和监督部门,通常由理事会负责。理事会有20~25个成员,代表学校和社会各方利益,除学校领导、学生、职工外,学校所在社区也要通过选举产生代表进入理事会参与大学校长的任命。政府则认为是学校资金的主要提供者,因此也委派不同的人甚至政府部长进入理事会。澳大利亚的大学与其他国家的大学相比,有更大的自主权,大学都有自己的理事会或评议会,负责学校的运作与管理。和许多国家的公立大学不同的是,只要校理事会或评议会认为合适,大学就可以进行借贷投资等商业运作。

形成鲜明对比的是,我国高校长期以来运行在一种以强调政府行为为基础的制度环境中,政府集举办权、办学权和管理权于一身,主要特征是集中管理和强制服从。改革开放的政策和经济体制的改革,要求教育体制改革势在必行。如何扩大高校的办学自主权是我国高等教育体制改革的关键问题。

高校办学自主权虽然逐步扩大，但并没有完全落实，高校的独立法人地位并未确立。"中国教育发展报告"研究表明，被调查的200多位专家有50%以上认为高校在招生、专业调整、机构设置、经费使用、职称评定、收入分配、干部任免等方面，不太自主甚至不自主。而这极大地限制了高校在应对国际化方面自主性的发挥。

　　由此可以看出，我国高等教育的对外交流目前还是以政府为主体的。现在国际留学生市场的竞争十分激烈，要在复杂的市场上根据具体情况采取灵活、有效的措施，大学必须成为竞争的主体，拥有自主决策与行动的权利，这就需要理顺大学与政府的关系，扩大高校自主权，尤其是对外交流的权利。政府的作用应是宏观指导和提供咨询服务。非市场因素的干扰过多，势必会使高校丧失商机，降低竞争力。《中华人民共和国高等教育法》（简称《高等教育法》）赋予了高校一些新的权利，现在一方面要真正落实，另一方面应继续完善《高等教育法》，进一步扩大高校自主权，使高等教育的管理体制符合国际竞争的需要。

（三）进行高等教育体制创新

　　澳大利亚高等教育的历史以1850年悉尼大学的创立为起点，在悉尼大学创立之后的约100年间（至第二次世界大战结束），澳大利亚高等教育的发展速度非常缓慢，到第二次世界大战结束时只有6所大学，实施的是英国式的精英教育。20世纪60年代，澳大利亚迎来了高等教育的扩张时期，政府为满足日益增长的高等教育需求和扩大高等教育机会，决定成立一批高等教育学院。由于受英国高等教育体制的影响，澳大利亚的高等教育体制就形成了由大学和高等教育学院这样两类性质有所不同的机构所构成的二元高等教育体制，即所谓的高等教育的二元制。这种二元制把综合性大学和专业性学院分开，大学为自治性的综合性大学，拥有课程的设置权，以知识探求为目标，学术水平高，重视理论研究，实施的是学位教育，学校的发展重点是研究与教学。而高等教育学院为非自治性学院，没有课程设置权，以知识应用为目标，注重联系实际，其学术水平一般，重工作经验和技能的训练，教学与科研相结合，实施的是非学位的证书教育。

　　这种二元制在澳大利亚高等教育的扩张过程中发挥了积极的作用。但是到了80年代中期，二元制的一些弊端逐步暴露出来，特别是高等教育学院在教育层次上的拓展，使其与大学之间的区分变得日益模糊起来，造成这一状况的原因是澳大利亚高等教育的不断扩充和高等教育学院发展日趋成熟。其结果是二者的性质和任务已十分相近，但在地位上却不同。这表现在大学的办学经费和科研项目等方面都得到政府的政策倾斜，高等教育学院则处在受轻视的不利位置。这种做法自80年代初期开始招致高等教育学院，特别是作为其中一部分的技术学院的强烈不满，他们纷纷要求取消双重制，获得与大学同等的教学和科研等方面的条件和机会。因此在政府的主导下，80年代末又开始了一次变二元制为一元制的高等教育改革，提出今后将不再根据学校类型，而是依据教学和科研的条件和竞争的实力来下拨经费。1987年之后，澳大利亚政府机构改组，原教育部和雇用产业部、科学部合并成立就业、教育与培训部，约翰·道金斯（John Dawkins）出任部长。道金斯上任之后，立刻着手推行高等教育体制一元化的改革。联邦政府就业、教育与培训部于1987年便正式宣布对高等教育体制进行重大调整，1987年12月和1988年7月，就业、教育与培训部先后发表了有关高等教育问题的绿皮书与白皮书，在这两个文件中提出了废除二元制、导入一元制，在一元的体制下实施高等教育机构合并与改组的政策方针。在政府政策的指导下，1989年高等教育体制一元化的改革正式启动，至1991年，澳大利亚原有的24所大学和47所高等教育学院合并、改组为38所大学。这次改革被认为是澳大利亚历史上最为迅速的改革，人们称之为"道金斯改革"。这样一来，二元制便开始瓦解了，全国统一的高等教育体制是通过多种组合或合并的方式建立起来的，澳大利亚逐渐形成了适应国际高等教育发展的合理的高等教育体制。

而当前我国高等教育在应对国际化的过程中，传统的机制和思维惯性相对滞后，特别是与教育国际化所要求高等教育的现代性、开放性和多元性，仍有很大差距。这就要求高等教育的体制改革主要是理顺国家（政府）、社会（市场）、学校三者的关系，即政府调控、社会广泛参与、学校自主办学，使三者的作用充分发挥，在相互作用中达到机制优化、运行顺畅的目的，从而形成良性的三角互动关系，政府宏观调控，积极引导，社会积极参与办学，高校主动适应社会主义市场经济的需要，积极促进社会经济的发展。

从教育管理体制来说，改革集中领导、分级管理的教育体制，改革过去那种封闭的、学院式的办学模式，建立开放的、经营型的办学体制；改变高等教育低投入、低效率和低质量现象，树立教育产业观念；改革政府垄断的"国有化的办学体制"，使其向"政府主导的多元办学体制"转变，真正做到公开、公平、公正的竞争。

（四）构建高等教育质量保证体系

保证高等教育的质量是吸引海外留学生的重要前提条件。澳大利亚高等院校有一套比较完整的质量保证体系，以确保国际教育与培训服务的最高质量。自20世纪90年代以来在高等教育委员会的推动下，1992年成立了澳大利亚高等教育质量保证委员会，就保证高等教育质量、独立审核学校的办学情况及相关的拨款政策等问题向政府提出建议。该委员会对高校进行独立审核，使高校重视教学与科研的质量，并规定自1998年起凡是由政府拨款的院校必须每三年向联邦教育、培训与青年事务部提交"质量保证和提高计划"，全面反映高校的办学宗旨、教学、科研和管理的情况。

如前所述，澳大利亚高等教育质量保证体系明确规定各部分的职责：大学学历资格评定框架主要负责国内高校的注册登记，规定学历授予标准；高校负责保证教学和科研质量；州以全国性协议为基础，通过立法认证并鉴定新大学和无自主审核权的院校新设的高校课程；联邦政府负责拨款、监察和评估，支持教学和创新，并为高校提供有关信息、毕业生技能测试等管理手段；大学质量管理机构则负责每五年一次对大学的教学质量鉴定程序进行审核，重点审核教学、科研、管理以及海外办学情况，同时还要监察各州的审核程序。这就构成了澳大利亚高等教育质量保证体系。

我国目前正在为高等教育大众化而努力，不断扩展我国高等教育的规模，而高等教育的质量堪忧；加入WTO后高等教育的国际合作也日趋增多，提高教育质量和加强宏观管理已成为高等教育改革和发展的一项迫切任务。在高等教育发展的过程中，如果在数量大幅度扩张的同时没有质量保证和提高，这样会影响高等教育国际化进程。为此，我们应根据国际高等教育质量保证运动的发展趋势，适应高等教育国际化的要求，建立一个合理、公正、公平、透明和权威的中国特色的高等教育质量保证体系，澳大利亚的做法给了我们诸多的启示。

（五）拓展高等教育经费来源，促进高等教育国际化

近年来，澳大利亚高等教育迅速发展，高等教育规模迅速扩大，政府难以承担全部费用（1987年前澳大利亚高等教育对居民是免费的）。从1988年开始，政府决定将高等教育经费的一部分转移到个人和私人部门承担，并鼓励学校创收。教育需求的增长和家庭教育支付能力的提高，促使人们不惜斥巨资获得高质量的教育服务。自20世纪80年代以来，大学积极引入企业的经营思想和管理模式，已成为澳大利亚高等教育发展的重要特点之一。在墨尔本大学商学院，由商界投资1400万澳元建教学楼，产权由商学院和商界各占50%，采取董事会领导下的院长负责制，投资者派人参与学校管理；引入市场竞争机制，教师的聘任、学生的就业、学院的发展等主要由市场需求调节，学生每年向学院缴纳2～3万澳元的学费，学院正在成为自主办学的法人实体。

为吸引国外教育投资，澳大利亚的高校都十分重视拓宽生源渠道，吸引国外学生就读。1999年新南威尔士大学共有在校生3.2万人，其中海外学生就有6千多人，约占全校学生总数的1/5，这些学生来自世界30多个国家。学生来源的国际化，有利于多渠道筹措办学经费，有利于不同文化的融合，提高人才培养质量。从澳大利亚高等教育的实践看，我国有学者提出要培养具有国际化眼光的学生，须有国际化的生源，这一观点不无道理。

澳大利亚高等教育经费来源的多渠道化，形成了以政府拨款为主，社会和个人捐赠以及独具特色的高等教育学生供款项目为辅的机制。《打牢基础：为澳大利亚高等教育筹集资金》对现行高等教育经费来源渠道进行了分析。2002年，联邦政府为高等教育拨款总计达64亿澳元，其中绝大多数（61亿澳元）来自联邦教育部长会议上决定的教育拨款方案，大约占高等教育全部经费的64%（包括高等教育供款计划），其余部分来自本国学生和国际学生的学费以及其他渠道。高等教育供款计划在高等教育经费中的比例越来越大，大约91%的澳大利亚大学毕业生所欠高等教育供款计划的费用不超过16000澳元，平均欠费大约为7800澳元。2002年，高等教育供款计划的最低还款标准为23242澳元。

我国高等教育经费相对比较紧张，不仅不适应改革开放和现代化建设人才培养的需求，也不适应高等教育国际化的需要。借鉴澳大利亚高等教育经费筹措经验，结合《国家中长期教育改革和发展纲要（2010—2020年）》提出的："逐步建立以国家财政拨款为主，辅之以征收用于教育的税费、收取非义务教育阶段学生学杂费、校办产业收入、社会捐赠集资和设立教育基金等多渠道筹措教育经费的体制。"推行多渠道筹措经费的措施有以下几点。

（1）进一步明确政府是高等教育经费的主渠道。我国高等教育要稳步快速发展，要保证和不断提高教育教学质量，没有国家和各级政府财政性投入的稳定增长是无法实现的。

（2）争取社会力量捐资办学。我国的《中华人民共和国教育法》和《中华人民共和国高等教育法》都明确规定，国家鼓励境内、境外社会组织和个人捐资助学。高校面向社会筹集教育经费，争取非政府投入、资助和捐赠，鼓励社会各界捐资助学，以弥补我国高等教育经费的不足。

（3）大力发展校办产业。高校具有人才、科技、信息等多方面的优势，面向市场，有很大的潜力。高校通过社会服务的职能、科技成果的转化，获得的教育经费会越来越多。校办产业是高校科研成果转化为产品的有力手段，它可以为高校带来一些经济利益，增加高校的教育经费。

（4）发展留学生教育，增加经费来源。随着经济的全球化和高等教育的国际化，国际教育贸易正越来越受到关注，世界各国更加重视招收国外留学生。招收国外留学生不仅能扩大政治影响和知识传播，更主要的是能开拓国际教育市场，吸收外汇，增加教育收入。

（5）根据"受益原则"，完善高等教育的成本分担制度，在以政府分担为主体的前提下，建立家庭、受教育者、学校及其他社会团体共同承担高等教育经费的体制。

（六）扩大高等教育交流与合作

在高等教育国际化进程中，澳大利亚高校十分注重与国外同行建立正式联系和签订校际协议，如师生交换、联合办学、学术合作、共同研究等。1994年，澳大利亚高校与外国高校已经建立联系的项目近1800项（1987年仅为94项），其中与美国有343项（占项目总数的19%），与中国有241项（占13%），与日本有154项（占9%），与印度尼西亚有109项（占6%），与泰国有104项（占5.8%）。澳高校与国外高校联合开办学位课程已成为一种流行趋势，即在澳教师参与下，外国学生可以先在本国读完第一或第二学年课程，然后赴澳完成学业并获得文凭。在这方面，澳大利亚的合作对象主要有马来西亚、新加坡、泰国、印尼、中国和香港地区。此外，澳大利亚高校与欧洲、北美地区的高校建立了正式学术交流联系，其中包括与美国大学联合开展的海外学习项目。值得一提的是，澳大学校长委员会设立的亚太地区大学交流项目，宗旨是通过高等教育系统中师生的流动促进不同国家的文化以及经济、社会体系之间的相互了解，提高教育质量。1994年澳政府还投入104万澳元，支持26所本国大学与印尼、泰国、日本、韩国、新加坡、中国的高校共同开展26个试验项目。

高等教育国际化的交流与合作包括以下几点。（1）学术交流。世界科学技术发展迅猛，各国都有自己的长处和短处，只有加强交流和切磋，才能取长补短，不断提高，为教育、科学发挥做出贡献。正如联合国教科文组织1995年在《关于高等教育的变革与发展的政策性文件》中指出的："国际合作是世界学术界的共同目标，而且还是确保高等教育机构的工作性质和政策所不可缺少的条件。"（2）教师之间的交流。要有计划地派教师到国外进修访问、讲学、搞合作研究；要多请外国专家、教师到我国来讲学，参加学术讨论。（3）学生之间的交流。一方面创造条件、积极鼓励我国学生出国留学，充分利用外国的教育资源为我国培养人才，另一方面要制定相应的政策，改善办学条件，扩大招收外国留学生的数额，让他们到中国来学习汉语和中国文化，让他们了解中国促进世界各国人民的友谊。招收外国留学生，也能增加学校经济收入，促进教育事业的发展。（4）发展国际合作办学，高校与外国的大学合作办专业、办学校，把外国教材、教师引进来，会产生比出国留学还要好的效果。

为了改变我国高等教育相对落后的状况，实现高等教育现代化，借鉴发达国家的先进经验，走高等教育国际化道路是一种必然的选择。作为现代高等教育"后发外生"的国家，国际化就是高等教育现代化的重要内容和主要标志之一，加速高等教育国际化的进程，是21世纪中国高等教育现代化的重要途径之一。但中国在高等教育国际化中不可照搬西方，而应注意保持民族特色，以我为主地借鉴西方发达国家的先进经验。同样通过研究澳大利亚高等教育的国际化，我们可以从中得到一些有益的借鉴与启示，然而我国高等教育国际化的发展并非简单地借"他山之石"就能成功，我们还需要以本国国情和民族特性为基点，以促进本国高等教育现代化为目标，对外来文化进行精心的鉴别、选择和改造，使其与本土文化的优良因素相交融，也就是高等教育民族化的过程。这样我们才能走出一条具有中国特色的高等教育发展之路。

第一，要明确高等教育国际化与民族化是同一问题的两个侧面。

所谓高等教育民族化，主旨是强调保持、保护并发扬本民族的高等教育优良传统，即保持、保护并发扬本民族在长期实践中形成并延续下来的、构成现实高等教育成分的优秀的价值观念、思维方式和教育制度。由于高等教育国际化与民族化对一个国家，特别是发展中国家的高等教育的现代化都具有历史和逻辑的必然性及现实必要性，因此，二者之间必然存在着内在的联系。首先，这种联系表现为两者的相互依存性。一方面，国际化现象的存在是民族化的观念和实践产生和发展的前提。如果隔绝国际交流而在封闭状态下发展高等教育，那就根本不存在所谓民族化的问题。因为在这种条件下的高等教育必定是土生土长的，但显而易见它不可能是现代化的。为了实现现代化，推行国际化势在必行，而民族化也就会相伴而生。另一方面，民族化作为外来文化与本土文化相交融的一种整合机制，是国际化现象得以存在和发展的必要条件。这是因为，任何外来的教育理论和方法，不论其多么先进，若不经过民族化机制的吸收、整合，都不可能解决一个国家和民族所面临的实际问题，因而也就必然会丧失生命活力，这终将导致国际化失去基础和动力。

所以说，国际化依赖于民族化而存在，民族化又借助于国际化而发展，发展中国家尤其如此。正如《学会生存》中所指出的："发展中国家只有把科学吸收到他们的传统文化中去，把世界思潮吸收到他们自己的民族生活中去，才能更新他们自己而又保持他们民族的特点。一个文化，只有由于它自己能够进行改革，才能够生存下去。"国际化与民族化是同一问题的两个侧面，国际化的高等教育与民族化的高等教育是同一个过程、同一事物的两个方面，高等教育国际化与高等教育民族化的目的是一致的，都是为了高等教育的发展培养高质量的人才。

第二，以"和而不同"的思想指导我国高等教育的国际化。

我国高等教育的国际化发展应以民族化为基础。因为一个国家的高等教育植根于一定的民族文化的土壤，并受到国情的制约，民族化是国际化存在与发展的基础。同样，我国高等教育的国际化，也必须与本民族的文化教育传统相融合，在原有的基础上吸收国际高等教育的成功经验、优化模式及先进科学技术知识。换个角度说，民族化和国际化应该是相辅相成的：一方面要继承和保持中华民族教育中的优势和精华，显示民族个性；另一方面必须敞开胸怀，吸收不同国家高等教育的长处，面向世界，博采众长，以达到中外互补。在民族化和国际化的关系上，孔子的"和而不同"思想可以给我们很大的启示。"和而不同"首先是承认"不同"，在"不同"的基础上讲"和"，即融合、合并，这样才能促进事物的不断发展，提升境界。相反，如果不保持自己的优势，无原则求"同"，则很容易走向事物的反面。特别是在目前国与国之间信息技术水平和经济实力相差太远，少数国家掌握主动权的情况下，搞不好，就很有可能像曾担任教科文组织总干事的马约尔教授所说的："国际化过程变为少数人是化人者，而多数人则是被化者。"若是这样，无论是教育走向新文化殖民主义，还是造成"同而不合"的实质性对立状态，都不仅不能使事物得到发展，反而还会使事物衰竭倒退。因此，在中国高等教育国际化的发展过程中，"和而不同"应该成为指导我国高等教育合作交流的基本原则。

总之，高等教育民族化不能代替国际化，不能成为落后体制、拒绝先进文化的理由，谈高等教育的国际化也不能取消民族特色，排除民族化，两者应该是相辅相成、对立统一的。对此，顾明远先生认为："教育的国际性与教育的民族性是不矛盾的。不同民族有着不同的文化传统，也就有着不同特征的教育。教育的国际性不排除各国教育的民族性。在当今世界，文化越具有民族性，才越具有世界意义。教育也是一样。正是因为教育具有民族性，才有国际交流的必要。"中国高等教育只有走国际化与民族化相结合的道路，才能在世界高等教育体系中占有独特而重要的地位。

第三节 日本高等教育国际化分析研究

日本于 20 世纪 70 年代即明确提出高等教育国际化的愿景，1983 年则进一步提出关于国际化的具体规划《面对 21 世纪的外国学生政策宣言》。《面对 21 世纪的外国学生政策宣言》所拟定的"至 2000 年 10 万名国际学生招收计划"目标在 2003 年完成之后，日本于 2008 年又推出了"至 2020 年 30 万名国际学生招收计划"，继续致力于扩大国际招生的规模。

1983 年，在日求学的国际学生人数约为 1.1 万人，至 2000 年达到 6.4 万人，至 2003 年接近 11 万人，至 2008 年则上升到了近 13 万人，2010 年为 4 万人，2013 年稍有下降，但仍达到 13.5 万人。1983 年至 2013 年的 30 年间，在日高校就读的国际学生的规模增长了约 12 倍。相比之下，日本学生出国进修的人数在 2004 年至 2008 年间虽也曾呈现不断增长的态势，但与来日留学的国际生的规模增长态势相比，并不显著。即使是在 2008 年这个海外留学高峰年，在海外高校就读与进修的日本学生人数总量也不超过 2.5 万人。除日本以外，亚洲其他国家的状况则均为赴海外的本土学生多于所接收的国际学生。

一、循序渐进与整体性的高等教育国际化目标规划

日本高等教育国际化政策以国际学生的招收为中心。1983 年的"至 2000 年 10 万名国际学生招收计划"与 2008 年的"至 2020 年 30 万名国际学生招收计划"是日本高等教育两份最具基础性的国际招生规划蓝图。早期的"10 万名国际学生招收计划"旨在促进日本和其他国家之间的了解与友谊发展，提高日本在全球社会的显示度，协助日本经济和社会的国际化。该计划分两阶段实施并预测了相应的数量增长，即第一阶段（1983—1992 年）预估每年外国学生的增加率为 16.1%，第二阶段（1993—2000 年）每年的增加率则预估为 12.1%。为促进该计划的实施，日本大学提供的配套措施主要包括以下四点：（1）致力于改善教育和研究质量，尽力满足国际学生在课程设置及教学方面的具体需求；（2）调整学位授予规定；（3）向国际学生提供经济援助和协助安排平价住宿；（4）提供语言训练，以使国际学生能顺利适应在日学习环境并有效地学习。

自 20 世纪 90 年代初开始的经济衰退影响了日本的"10 万名国际学生招收计划"的进程，直至 2003 年该计划才最终达成目标，但赴日本的国际学生规模增长也在减缓。为扭转局面，促进日本对高等教育国际市场的占有，日本政府以"10 万名国际学生招收计划"为基础，提出了更为宏伟的国际化蓝图——"30 万名国际学生招收计划"，希望通过此项新计划的实施，深入推

动日本的全球化战略，使日本与其他国家的关系更密切。该计划的架构包含三个重点：（1）于2020年前达到招收30万名国际学生的目标；（2）吸引优质的国际生源；（3）日本政府相关部门之间全面及有机地整合。

1983年与2008年日本高等教育的两份国际化蓝图前后相互衔接，虽各自在具体指标与策略上有所不同，但内在的诉求是一致的，目标与作为一体化，形成了20世纪中后期至今日本高等教育循序渐进的国际化路线。值得注意的是，与1983年的蓝图相比，作为前者的延续与深化，至2020年的国际化计划不仅提高了国际学生招收数量的指标，也融入了日本对顶尖人才需求的政府诉求，开始关注生源国家或地区所在以及专业领域等，力求赴日的国际学生在数量与质量上的并举。同时，2020年国际化计划更为注重对国际学生教育的系统性、全面性，包括从招收至入境、在日学习与生活以及就业、归国支援（即回国后的跟进辅导）的教育，尤其以"归国支援"为新的焦点，持续关注国际学生在日本社会的融入，涵盖从在日学习至其毕业后的出路等各类问题。

为配合招收国际学生30万人计划于2020年前达成目标，日本文部科学省于2009年还提出了一项"全球30计划"。以优先提供财政补助的方式推动包括东京大学、早稻田大学、京都大学、大阪大学等在内的首批13所重点大学的国际化。这些大学在未来的5年里，可总共获得10亿至20亿日元的财政补助，但均须满足招收3000至8000名国际学生的基准目标。为此，各校需要提供具备国际教学能力的师资队伍，开发适合的英文教材，设立专门岗位负责国际学生事务，在海外设立大学的办事机构。

二、具体的国际化行动

1983年与2008年两份国际化蓝图之间的衔接与所反映出的高等教育国际化的渐进性，表明了日本在高等教育国际化方面的决心与务实的品质。从1983年启动至今，日本高等教育的国际学生招收计划的推进历经30余年，期间日本政府与日本大学均采取联合行动。这些行动虽在高等教育国际化的不同阶段有不同的侧重点，但归纳起来，有以下几个方面值得我们注意。

（一）政府专责机构的成立

日本政府于2004年整合有关国际学生事务的机构，成立了"日本学生支持机构"，统一处理国际学生事务，改变了过往中央政府内部与国际化相关机构、部门权责重叠，效能不高的弊端。"日本学生支持机构"作为日本招收国际学生唯一的中央政府官方窗口，专门负责国际学生的招生宣传、住宿辅导、就学咨询、助学金等各项事务，强化对国际学生的支持体制。

（二）国际学生奖学金制度的建立

日本政府设置了国际学生奖学金，受益者包括公费生与自费生，且奖学金种类不断扩增，符合国际学生的具体需求，可以缓解其求学的经济压力。值得提及的是，奖学金中的相当一部分是针对亚非拉发展中国家的学生而设的，从而有助于日本大学从上述欠发达国家与地区招收素质优秀但经济背景不佳的学生留学日本，扩大日本高等教育在这些国家与地区的影响。

（三）大学国际招生的策略

与政府招收国际学生的政策相配合，日本各大学机构均整合了校内资源，设立国际学生招收机构或国际交流机构，专门负责国际学生教育相关的事务；制定了积极的海外招生宣传战略，并切实通过设立海外办事机构加以落实。很多大学机构，尤其是以东京大学、京都大学、早稻田大学为代表的国际化重点大学，普遍于亚太、欧洲、拉美等地区设置海外办事机构作为学校在当地的驻点，其基本的职责为扩大学校在海外的影响，吸收并选拔当地优秀生源，促进学校与外国地方高校的学术合作与师生交流。

以早稻田大学为例。该校自20世纪90年代启动国际化进程以来，便将培养能走向世界从事国际竞争的人才确立为办学的基本使命。为此，早稻田大学建立了可以促进国际化的多项机制和多个组织。2003年，为了全面统一地促进国际化相关业务的办理，早稻田大学建立了国际事务部，专门处理院校层次上的国际化事务，并于2004年成立国际教养学部，旨在集中全校资源培育具有高度国际观的学生。早稻田大学意识到学校的国际化支持服务功能尚需进一步强化和更具针对性，遂在2005年年初建立了专门负责接收和派遣交流学生的国际中心和交流计划部。在海外办事机构设置方面，早稻田大学已在日本本土以外建立了八个驻点，分布于亚洲、欧洲与北美。除了常规的招生渠道，早稻田大学海外办事机构为拓宽招生渠道，针对所在地的教育体制展开专项研究，并与日本语言培训学校、当地高等教育机构合作，积极地推荐日本文化，也负责在当地选送部分学生赴日本参与短期学习项目。鉴于长期以来海外办事机构在有关日本留学信息资源的重复宣传与成本问题，日本政府继续鼓励各校在海外设立招生办事机构，同时也力促各大学在招生方面的合作与共赢，现正对日本大学的"海外办事机构"进行资源上的整合，目前已在德国、俄罗斯、印度、越南、突尼斯等七个国家将原本在日本大学设立的海外办事机构改造为"日本大学共享海外办事机构"，作为所在国的学生赴日本就读的联络点，提供有关日本境内所有大学入学资讯、国际研讨

会及国际学生入学测验等信息。

（四）国际学生学成后的就业支持与回国后的辅导

国际学生完成学业后，日本学生支持机构会为其提供充分的在日就业信息服务与学术信息服务，促其早日融入日本社会并在岗位上发挥才能。该机构每年一月及六月均发行《外围人就业信息》半年刊，提供职业介绍所、日语测验、应征工作常识、居留资格变更、留学生体验日记、留学生就业统计等完整的信息。对于毕业后已返国的国际学生，日本学生支持机构则向其提供下列跟进服务，谋求这些毕业的国际学生日后继续赴日本进修或从事科学研究工作的意愿与可能性。（1）归国学生短期再留学制度：国际学生毕业返国5年后，年龄在45岁以下者可申请赴日短期研究，60～90天内受补助。补助内容包含机票费、生活费（每日11000日元）及研究协助费（固定50000日元）。（2）归国学生研究指导事业：对于在母国从事研究、教育活动的归国国际学生，日本学生支持机构指派日本教授到该国进行实地指导（7日以上10日以下），政府补助指导教授机票费、生活费（每日16000日元）、研究指导费（每名指导教授上限100000日元）。纵观各国的情形，日本在促进国际学生融入方面的政策与具体措施具有其开创性与参考价值。

第四节 马来西亚高等教育国际化分析研究

2007年，马来西亚高等教育部发布《面向2020年国家高等教育战略规划》，明确马来西亚将以高等教育国际化为主要途径，发展成为亚太地区高等教育中心国家这一高等教育转型目标。该国高等教育转型的核心标志是"至2020年马来西亚主要作为一个高等教育输出国的存在，其高等教育在亚太地区乃至整个亚非拉高等教育市场上具有更大的竞争力"。当前，国际社会已经将马来西亚视为亚洲地区的学生枢纽之一。这表明，高等教育国际化在促进海外马来西亚籍学生的回流、吸引世界各地学生来马来西亚研修、提升马来西亚高等教育服务的出口创汇能力等方面取得了初步的成效。总体而言，马来西亚高等教育国际化的良好表现得益于高等教育国际化相关国家立法基础的存在以及在院校层面由内而外的国际化策略的发展。

一、高等教育国际化的法律体系

马来西亚通过较为完备的国家法律法规来确保高等教育国际化的发展。仅1995—1996年期间，马来西亚接连颁布了五部与高等教育国际化相关的国家法律，并根据国内、国际高等教育发展形势对这些法律法规进行适时的修订和完善，奠定了高等教育国际化作为一项国家事业在马来西亚的合法地位与充分的法理性。这五部国家法律分别是《教育法修订案》（1995）、《私立高等教育法》（1996）、《大学和大学学院法修订案》（1996）、《国家学术鉴定局法》（1996）以及《国家高等教育理事会法》（1996）。

1960年，马来西亚《教育法》首次颁行，成为规范国家各层次教育事业的母法。《教育法》于1995年获得修订，修订后的《教育法》共分为15个部分，涵盖了马来西亚教育的方方面面，主要包括教育行政、国家教育咨询委员会、国家教育体系、考试与评价、高等教育、私立教育机构、教育机构注册、教师注册等方面。新修订的《教育法》折射出联邦政府的教育意志，进一步规范了私立高等教育，并把私立高等教育纳入国家教育体系的主流。按照新修订的《教育法》的规定，马来西亚所有的教育机构都要遵守政府的约法，受国家法律法规的约束。该法还规定了私立教育机构的基础课程设置以及私立大学与国外大学合作的相关问题，不仅为私立院校的有序发展提供了基本法律依据与保证，更奠定了后期马来西亚高等教育国际化发展的法律基础。

《私立高等教育法》是一部私立高等教育专门法，主要内容包括私立高等教育机构的建立、注册、管理、课程实施、学生纪律和行为、教学许可证以及机构的关闭、检查、犯罪与处罚等。这部法律对私立院校的办学进行了重新规范，赋予了私立院校更多的自主权，允许私立院校招收更多的学生，改善了私立院校的办学条件，但同时对私立院校进行更严格的质量监管，确保了私立院校的办学质量，从而有助于马来西亚私立院校与海外大学的合作，加速了马来西亚高等教育国际化的步伐。《国家高等教育理事会法》规定了理事会的构成、成员资质、理事会职责、具体操作程序、政府补助等内容。该法案的颁布有效配合了马来西亚在国立、公立、私立高等教育领域的变革。依据该法案，马来西亚高等教育将逐步由中央直接管辖向专门的机构治理转变，高等教育理事会负责宏观监督国立、公立、私立高等教育机构的有序发展，包括国际化的发展，反映了自20世纪90年代以来马来西亚高等教育走向政府放权与专业化治理的总体趋势。

《国家学术鉴定局法》共分为七个部分，确立了国家学术鉴定局对高等教育机构进行质量评估的权力和中心地位，构建了马来西亚高等教育机构的质量评估体系，有利于马来西亚高校与国际院校接轨。2007年马来西亚颁行了《马来西亚资格认证法》。为此，联邦政府成立了马来西亚资格认证处，负责对马来西亚境内的国立、公立、私立高等教育机构的具体运作进行全方位的评估和审查，并建立了马来西亚资格认证体系，与诸如欧洲资格认证体系等国际上主要的高等教育质量认证系统进行交流与合作，为日后马来西亚高等教育国际化的质量提升奠定法律基石。

综上所述，在联邦政府主导之下颁行的这些国家法律从高等教育治理、高等教育办学体制、高等教育财政、高等教育质量四个方面促进了马来西亚高等教育国际化事业的有序发展。

二、院校国际化的策略

（一）增进在地国际化的策略

在地国际化概念中，所谓在地，指国际化的活动以学校为圆心，是一种以校园为本，创造国际化的氛围，促使所有在校学生达成国际化学习的过程。在简·奈特的定义里，"在地"概念指向的是院校国际化的原点，即校园本位的国际化活动，这些活动能创造国际化的校园文化和氛围来促进学生理解不同的文化。

自20世纪90年代起，马来西亚学生赴海外留学潮开始逐渐消退，更多的马来西亚学生选择本土大学就读。在此背景下，马来西亚大学加强了对在地国际化问题的考虑，较为普遍的策略包括以下几种。

1. 营造国际化的校园文化氛围

注重校园环境的建设，力图为学生营造一个优美整洁，舒适宜居宜学的校园。马来西亚高校多根据自身的特色进行选址，或建于优美宁静的风景区，或建于交通便利、国际化语言环境优良的地方；注重加强学校设施设备的建设，如网络建设、教室和实验室建设等，以使学生能够对学校学术生活与日常生活有良好的体认。大部分学校还为国际学生建立校友会，使其能够在马来西亚找到归属感。以英迪国际大学为例，该校将其主校区建于森美兰州汝来新镇，依山傍水，树木茂盛；该校设立了学生服务中心、学生中心、学习资源中心，设施设备齐全，方便国际学生的学习与生活，力求营造浓厚的学术文化氛围与友好的生活环境；积极制定措施以确保国际学生的安全和利益，如国际学生的健康医疗、福利、住房及其他方面的权利等，丰富马来西亚本国学生的国际学习经历。马来西亚高校鼓励本国学生出国游学，通过与国外大学建立诸多的学生交换项目，为本土学生提供更多的与国外大学联系的途径。

2. 积极开发跨境课程模式

双联学制课程、学分转移制课程、特许课程、远程学习是目前马来西亚高校主流的跨境课程形态，其中双联学制与学分转移是马来西亚最早也最为普及的跨境课程流动形式。

双联学制课程在马来西亚的出现是在20世纪80年代中期，时值马来西亚陷入席卷世界的经济危机中，国民的经济负担加剧，很多马来西亚学生希望获得国外学位，但无力支付留学的费用。由于当时尚未获权授予学位，马来西亚私立学院尝试与西方院校签订合作协议，实行双联学制的课程教学，学制结束，课程体系修毕，经国外合作高校考核合格者则授予其该校的学位，这一尝试取得了成功。马来西亚传统双联学制包括"1+2"和"2+1"两种本科层次的学制形式。"1+2"学制又被称为"预科"，是指马来西亚私立院校与国外大学签订协议，学生先在马来西亚本地学习1年，再到国外合作的大学学习2年，学生在毕业时将获得国外合作大学颁发的学位证书。"2+1"模式，是指学生先在马来西亚的大学学习2年，再到有协议关系的国外大学学习1年，最后获得国外合作大学的学位证书。1986年，马来西亚城市大学率先与皇家墨尔本理工大学合作，创建商业系本科学士学位的双联学制。随后伯乐学院、万达大学学院、英迪国际大学学院等马来西亚院校与英国、美国、澳大利亚、加拿大等西方国家的大学之间纷纷展开双联学制的合作，涉及商业管理、信息管理、电子工程、计算机应用、艺术设计、建筑和旅游管理等诸多专业。1997年亚洲金融危机中，马来西亚经济再次遭到重创。为了减少外汇的流失，马来西亚联邦政府与高校在传统的"1+2"和"2+1"形式的双联学制以外，尝试开发了新型"3+0"的双联学制，即学生不需要出国，三年的学业课程可全部在国内完成，即获得相应的外国合作大学的学位。

双威大学是当代马来西亚院校中推行双联学制的典型。该校成立于1986年，位于马来西亚首都吉隆坡，是马来西亚著名的私立院校之一。学校由传统的双联学制，即"1+2"预科学制课程发端，经过多年围绕双联学制课程的经营，已由学院升级为大学学院及至现今的大学机构。每年有来自10多个国家的学生前来就读，提供超过20种学位和专业文凭课程。双威大学历史悠久的"1+2"预科学制当下主要包括澳洲大学预科、澳大利亚莫纳什大学预科和加拿大安大略大学预科。例如，双威大学的加拿大安大略大学预科学制确立于1990年，提供英语、物理、化学、财务会计原理、国际商业基础、商业领导能力、管理基础、当代经济问题分析等几十种双联学制课程，在双威大学与安大略大学修习完毕此系列课程的学生可以直接获得安大略大学的学士学位。同时，双威大学也逐步和美国、英国、新西兰、澳大利亚等地著名高校建立与发展了密切的校际合作关系，逐步开发了多样化的双联学制课程模式。如"3+0"学制、"2+2"学制等，为本校学生提供了更多样化的高等教育选择。

学分转移制课程是指马来西亚院校与国外大学签订课程学分转移的协

议，马来西亚学生在本国院校修习协议规定的课程体系，待到课程学分累积到一定时，便可以借此向协议关系中的国外大学注册申请学额，如获批学额，则进而可获得该大学的学历及学位文凭。学分转移制与传统的双联学制最大的区别在于前者使学生可全程在国内学习，且由于一所本土院校可以和多所国外大学签订课程学分转移协议，学生可在众多的国外大学之间与诸多专业与课程之间自由选择，此特点也可将学分转移制与新型的双联学制区别开来。

跨国的高等教育学分转移的情形在马来西亚最早出现于20世纪80年代。创办于1983年的伯乐学院与美国的布劳沃德学院签订协议，开展基于学分转移制度的课程，成为马来西亚第一所设立学分转移课程项目的高校。有关学分转移的另一典型学校是英迪国际大学学院。为保障学分转移机制的顺利展开，英迪国际大学学院专门设立了学分转移服务中心帮助学生获得国外大学的学额，严格审核学分课程的质量，保证在该校所获学分得到具有协议关系的国外高校的认可。这一系列举措促成了该校成为马来西亚所有设立学分转移系统的院校中成功的案例。英迪国际大学学院现已与澳大利亚、新西兰、英国、加拿大等西方国家的多所高校建立和保持了基于课程学分转移的合作关系。

3. 完善国际化的校园课程体系

一份由马来西亚学者完成的马来西亚高校国际化的调查报告从教学语言、教学指导、课程、与教师接触、与本土学生交流、学生评价、学生出勤、考试制度八个方面考察了在马来西亚的国际学生的学习经历。这份调查报告基于马来西亚国家能源大学与马来西亚吉隆坡建设大学的案例考察，其结论与建议在一定程度上反映了马来西亚高校在以课程为中心的国际化方面的努力。例如，在课程的教学语言方面，为了提高国际学生的英语水平，使他们尽快适应异国的校园生活，马来西亚院校针对国际学生开发了密集英语课程或英语强化课程。此外，为了进一步提高国际学生的英语能力，马来西亚大学往往开发出系统的以英语为教学语言的学术课程，促使大多数国际学生用英语开展日常的学术交流。调查报告强烈建议，教授这一课程的马来西亚本土教师或外籍教师应该能说不带地方口音的纯正英语，而马来西亚本土学生也应多通过英语加强与国际学生在课程上的沟通协作。

跨文化的意识与行为在高等教育课程的国际化中占据重要位置。鉴于此，该调查报告提出了如下建议。第一，马来西亚高校应面向本土学生和国际学生提供跨文化交流的课程群，以此降低这两类学生相互理解和适应多元文化的难度。第二，在对教学人员的要求方面，教师应多鼓励马来西亚本土学生与国际学生组成学习团队展开合作学习，一方面，提升学生跨文化交际的意识与能力，把学生培养成具有国际竞争力的人才；另一方面，国际学生在与本土学生的合作中可以加深对学校及所在社区的人文、制度环境的了解与认同，从而更容易地融入地方生活。第三，为了使国际学生更好地理解和适应马来西亚的高校制度，马来西亚的大学管理者应面向国际学生的实际问题，寻找适宜的途径，并促成其对本校文化及语言、课程、考勤、学生评价与奖惩等各种学校制度的充分体认。

（二）增进国外国际化的策略

马来西亚高校在发展国内国际化的同时，还通过在海外地区设立分校、在国外学校开发合作课程、建立海外学术合作项目等途径因应国际化的要求。普遍而言，马来西亚大学的国外国际化策略包括以下几种。（1）积极与马来西亚联邦政府合作，寻求中央政府的支持，共同促进马来西亚高等教育的品牌建设。（2）确保海外招生代理能够代表马来西亚高等教育，彰显马来西亚教育品牌。马来西亚高校一般会不计成本地选择信誉高的海外招生代理机构，以便于更好地维护学生的利益和马来西亚高等教育的长远利益。（3）进一步加强与其他国家院校的交流与合作，开拓海外高等教育市场，尤其是周边区域高等教育市场的调研，以期抓住机遇，适时输出高等教育服务。如2000年英迪国际大学学院印度尼西亚分校的开设就是以1996—1998年间印度尼西亚的经济危机为契机的结果。（4）注重海外分校课程的建设。马来西亚高校海外分校的课程设置多以当地的市场需求为导向，结合分校的优势学科，不求多而全，尽量避免课程开设的盲目性。如马来西亚亚太科技大学在巴勒斯坦的分校只开设了商业管理、电子计算机、商业信息技术、工程技术等迎合当地需求的几门专业，而英迪国际大学学院印度尼西亚分校则仅开设了商业和计算机两个专业。（5）从管理体制、师资聘任等多方面确保海外分校及合作项目的质量。海外分校实行分校校长统筹管理的制度，分校校长同时也接受马来西亚总校的指导；为满足师资的数量与品质需求，马来西亚总校负责选拔优秀教师前往海外分校任课；分校接受所在国的教育质量监管机构的监管，同时还要接受马来西亚高等教育质量监管机构的监管。

第五节 芬兰高等教育国际化分析研究

当今世界，全球的政治经济都在朝向一体化进程的方向发展，并且不断深入，世界范围内的交流合作不断加强，这必然产生全新的国际社会环境，全球化与国际化已经潜移默化地成为当下全球环境发展的趋势。为适应全球大环境的变化,世界各国都在如火如荼地进行各领域的全球化改革,教育改革则是全球化改革中的先行者。迈入21世纪,世界各国也进入了改革和反思的新时期,为适应全球化的大环境以及跟进各国教育改革的步伐,芬兰在原有的教育基础上加大改革力度,将本国教育发展提高到优先发展地位,高等教育国际化则成为芬兰教育改革的重中之重,直接促使了芬兰高等教育国际化相关政策的提出,而欧盟的快速发展及芬兰高等教育国际化起步较晚的现状,也在客观上促进了其加大改革力度。

一、芬兰高等教育国际化改革的背景研究

21世纪以来,芬兰开展了大刀阔斧的高等教育改革,国际化成为其高等教育发展的重要战略之一。浙江大学的徐向阳教授认为,芬兰的高等教育国际化起源于欧盟高等教育的发展。1999年博洛尼亚进程的签署,促使芬兰走出本国高等教育模式,首先向欧洲整体化靠拢,建立统一或可比较的学位,建立学分制度,推行自由流通的高等教育。同时全球性的高等教育竞争也对芬兰的高等教育国际化提出了要求,欧洲的留学生人员远远低于美国,这也为芬兰的高等教育国际化施加了压力。西南大学博士研究生李俐在《芬兰高等教育国际化的趋势及启示》一文中指出,欧洲政治经济一体化促进了欧盟高等教育一体化的发展和深化,这成为欧盟国家高等教育走向国家化的直接诱因。南京师范大学硕士生尚海漫的硕士论文《博洛尼亚进程中芬兰高等教育改革研究》对芬兰国际化的背景从两个方面进行了阐述。第一,世界经济与合作组织于2006年在对芬兰的评估中指出,芬兰没有提供高质量的可比较的信息,缺乏市场的竞争意识,影响吸引国际学生,对芬兰尽快进行高等教育国际化提出了要求。第二,芬兰的国际化水平较低,同时受语言的限制,国际流通性较小,这一现象对芬兰的高等教育国际化提出了挑战。高等教育科学研究所助理研究员王俊在《芬兰高等教育国际化新战略探析》中指出,芬兰的高等教育国际化已经取得了一定的成效,但是对于本国人员参与国际化交流的积极性不高,人口出现负增长对于劳动力市场下降的压力,芬兰高等教育的国际地位需要进一步提高等要求,需要芬兰进一步深化高等教育国际化。北京师范大学国际与比较教育中心的耿益群在复旦教育论坛的《全球化背景下的欧盟高等教育国际化政策研究》中呈现了整个欧洲的20世纪50年代国际化的产生,从欧洲一体化的进程以及全球化对欧洲的影响两个方面进行了阐述。全球政治、经济一体化是芬兰高等教育国际化改革的直接诱因,同时芬兰国内的市场化需求也促进了芬兰走上高等教育国际化改革的道路。

二、国际化是芬兰高等教育变革的重要举措

20世纪末，芬兰作为原华沙组织条约成员国深受苏联解体、东欧剧变的影响，面对全新的世界格局，芬兰为增强综合国力以及保证其国际地位，积极与西欧一体化进程保持同步。高等教育作为欧洲一体化进程的重要组成部分，自然也成为芬兰改革的第一步，为此，芬兰教育部提出了一项推动高等教育国际化的行动计划，该计划作为芬兰高等教育国际化的起步，其重点在于加强学生的国际交流，促进学生的跨国际流动。芬兰自20世纪90年代初加入欧盟，便全面参与到欧盟的高等教育项目中，各高校国际学生的交流数量迅猛发展。1999年，芬兰正式加入博洛尼亚进程，成为建设"欧洲高等教育区"的重要成员国之一。同年，为了更进一步提高国际交流与合作的资源使用率和服务质量，芬兰建立了国际教育交流中心（CIMO），CIMO与欧洲各高校所属的国际办公室形成网络联盟，携手共同发展芬兰的高等教育国际化，具体负责芬兰在高等教育领域与其他国家的交流合作，并对其国际化的发展程度进行统计并制定发展目标。2001年，芬兰首次提出了高等教育国际化的发展战略，并力图在2010年将芬兰建设成在欧洲范围内高等教育强国，使芬兰在高等教育质量、科研水平及国际吸引力等方面在欧洲范围内占到领先地位。2006年3月，为了优化高等教育体系结构，提高高校的竞争力以及科研能力，芬兰提出高等教育体系发展宣言，该宣言的提出为提高高等教育质量、增强高等教育国际化的交流合作起到了不可忽视的作用。2007年，芬兰教育部提出了"2007—2012年教育与科研规划"，高等教育质量发展六年规划的重点围绕建立高等教育质量指标、完善外部审核、加强国际合作、深化学科评估等方面进行。此外，芬兰教育部颁布《2009—2015年高等教育国际化战略》，将高等教育国际化提高到国家战略层面，巩固本国科研基础建设、加强国际科研合作交流、吸引全球顶尖科研人员、完善国际学生选拔程序，并将这些策略作为提高芬兰国际竞争力以及其高等教育质量的筹码，为促进政策的落实，芬兰教育部与高校签订三年一期的绩效协议，以三年为期限，对高校的政策实施情况进行评估。与老牌的欧洲国家相比，芬兰的高等教育国际化起步较晚，但是拥有良好的国际化改革氛围、充分的经验借鉴以及欧盟地区对于高等教育国际化深入的重视与支持，最重要的是芬兰把握良好的机遇和优势，审时度势地进行大幅度改革，都将为芬兰高等教育国际化迅速发展提供有利条件。

三、芬兰高等教育国际化政策与措施

自 20 世纪 80 年代，芬兰高等教育改革的中心目标向国际化转变，并借此组建了 CIMO，具体负责芬兰与其他国家的交流合作；1999 年，博洛尼亚进程的签署，将其高等教育国际化进程向前推进了一大步；进入 21 世纪以后，更加大了改革力度，2009 年颁布的《芬兰 2009—2015 年高等教育国际化战略》把芬兰高等教育国际化提高到国家战略层面。崔瑞锋和张俊珍认为，自 20 世纪 80 年代以来，国际化一直是芬兰高等教育的中心议题，芬兰努力使芬兰大学及理工学院对于外国学生及教师更有吸引力，其中一项重要措施就是所有大学增开英语授课的课程，并不断加大英语课程的比重。河南理工大学高等教育研究所的武学超在《芬兰推进高等教育国际化》一文中简要阐述了芬兰《2009—2015 年高等教育国际化战略》中的战略措施，包括积极创建高等教育国际化共同体、提升高等教育国际吸引力、加大知识输出力度等。

北京教育科研院的王俊也对《芬兰 2009—2015 年高等教育国际化战略》从芬兰高等教育面临的挑战入手，对战略措施进行了解析。华东师范大学赵佳佳在《芬兰高校树立以国际化为核心的战略目标》中谈到了芬兰国际化所取得的成绩，同时给出了国际化进程中的几点措施建议，如鼓励为国际生开设更灵活的课程等。华南师范大学的马晓洁和李盛兵教授在《博洛尼亚进程中的芬兰高等教育政策调整》中针对博洛尼亚进程签署后芬兰对高等教育国际化所做出的政策调整进行了阐述，如改革学位结构、建立一个学分转换及和积累系统、建立科学的质量保障体系、促进人员流动及国际课程开发以及加强科学研究合作与交流等。南京师范大学研究生尚海漫也在她的硕士论文《博洛尼亚进程中芬兰高等教育改革研究》中对博洛尼亚进程后的芬兰高等教育改革措施进行了详细的论述，从建立统一的三层学位结构到终身学习等五个方面都有详细的介绍。西南大学博士研究生李俐在《芬兰高等教育国际化的趋势及启示》论文中分析了芬兰高等教育国际化政策发展的措施以及走向，面向欧盟的一体化发展、高等教育市场化经营的战略、多层面的高等教育质量评估体制，以及创建双轨制并行的高等教育体系。这一系列的措施都显示了芬兰在高等教育国际化方面改革的决心，经过十几年的发展，芬兰的高等教育国际化取得了一定的成绩，也为进行进一步的改革积累了经验。

四、芬兰高等教育国际化发展战略

战略一词来源已久，最初用于军事领域，意指对战争的谋划。随着时代的变迁，战略一词也被应用到更广泛的领域当中。最初由纽伊曼（Neumann）

和摩根斯顿(Morgenstern)引入商业领域,后期逐步被运用于更多的公共领域。在现代意义中的战略是指组织高层对当前状况的定位、未来发展方向的预测,以及相关措施和实施途径的制定等行为。战略在教育领域的应用主要针对教育相关层面的战略规划。教育战略规划与其他管理工具不同,它能够规划出战略的实施目标以及具体的行动要素。通俗而言,教育战略规划能够明确行动的原因以及行动的具体实施。为什么要使用教育战略规划,是因为它能够集中所有有效力量协调一个整体更好地工作,应时调整行动方向,保证所有成员为统一的目标努力。芬兰的高等教育国际化最早的战略规划提出于20世纪末,芬兰教育部提出了第一个推动高等教育国际化的行动计划,即《面向新世纪,芬兰高等教育国际化行动计划》,该计划的战略目标意在欧洲范围内开展广泛的国际交流合作,重点表现在加强学生国际交流上。2005年芬兰颁布了全新的《大学法》,其中规定,芬兰各大高校及理工学院都必须根据国家高等教育国际化发展战略,调整学制学位结构,同时强制要求采用欧洲可转换学分体系。2007年,芬兰教育部颁布了《2009—2012年教育与研究发展规划》,在该规划中提到,高等教育领域的学者、学生的国际性流动是衡量高等教育国际化的重要指标,芬兰将不遗余力地加大对国外学者以及留学生的吸引力,并加大对高等教育国际化的投资。CIMO颁布的《2010年加强高等教育国际化发展战略》指出,加强芬兰高等教育与中国、印度、俄罗斯以及北美国家的高等教育合作,力求提供更多的奖学金项目以及建立更多的合作项目来扩大芬兰高等教育国际化的影响范围。2011年,CIMO再次在《2011年加强高等教育国际化发展战略》中强调进一步加强芬兰高等教育与亚洲国家高等教育的合作,并提出在世界范围内开设芬兰语课程,以扩大芬兰教育在世界的影响力。而《2012年加强高等教育国际化发展战略》则将重点放在了与金砖四国即巴西、俄罗斯、印度和中国的合作,并将进一步为芬兰高校提供奖学金项目,以促进芬兰高校的国际化发展。《2013年加强高等教育国际化发展战略》则把目标设定在了更多的发展中国家,关注亚洲、非洲、拉丁美洲国家,在这些地区开展更多的高等教育国际化合作与交流项目,使芬兰的高等教育国际化有更大的影响力。2009年芬兰教育部颁发了最新的《2009—2015年芬兰高等教育国际化发展战略》。该战略的内容主要包括六个部分。第一,战略准备。第二,国际化高等教育体系重组的战略选择。第三,国际化的机遇与挑战。第四,国际化与高等教育改革。第五,高等教育国际化的五大战略目标,即打造真正高等教育国际化共同体;提高高等教育质量,增强高校吸引力;加强高等教育与专业知识的输出;促进多元文化社会的发展;强化高校全球责任意识。第六,战略的实施与监管。在芬兰高等教育国际化发展的历程中，芬兰的高等教育国际化战略的目标在不断地调整，从单纯的提高教育质量到注重高等教育全球竞争力，从单一的欧洲国家项目合作，到拓展为全球国家的合作交流，无不体现了芬兰高等教育国际化战略视野的不断拓宽。

五、芬兰高等教育体制研究

我国学者对芬兰高等教育体制的研究时间并不长，但是快速发展的高等教育国际化，以及芬兰高等教育国际地位不断提高，芬兰高等教育体制研究亦逐渐成为我国学者研究的新热点。湖南大学高等教育研究所陈宇莺和孙宗禹教授在《芬兰高等教育外部评估述评》一文中，从芬兰高等教育的基本结构方面，即高等教育、高等职业教育、成人高等教育，面向三种不同受教育人群的教育机构对芬兰高等教育系统进行了论述。东北师范大学比较教育学研究生马原在其硕士论文《芬兰高等教育评估中介机构研究》中从芬兰高等教育的历史发展、高校类型、高等教育人才培养模式、课程设置等方面对芬兰的高等教育进行了详尽的介绍。厦门高等教育研究院范怡红和柯丹云在《芬兰大学教师发展研究——基于赫尔辛基大学的案例分析》中从芬兰大学的双轨制制度角度阐述了芬兰两类不同高等教育机构的培养标准以及2010年政府实施《大学法案》后对高等教育中高校的地位、经费来源及职员聘用制度方面的影响。教育部国际交流与教育司出国留学工作处驻芬兰使馆教育处卢枫在《国际竞争力来自成功的教育——芬兰的高等教育及国家策略》中从芬兰高校简介、新建院校的体制以及成人教育和培训方面对芬兰高等教育进行了介绍。同济大学的杨超等人在《芬兰高等教育体系与大学教学评估》一文中也提到了芬兰综合性高校和理工学院两种不同类型的不同的培养模式，同时阐述了芬兰高校的学位培养制度、年限以及认证制度。在南京师范大学硕士生尚海曼的硕士论文《博洛尼亚进程中芬兰高等教育改革研究》中，介绍了芬兰高等教育发展的历史以及不同时期颁布的政策法案对芬兰高等教育产生的影响，并以个案的方式对芬兰的两所高校进行了描述。我国学者对于芬兰高等教育的体制有一定的研究，尤其是改革后的芬兰高等教育体制更是学者研究的兴趣点。

六、芬兰高等教育变革研究

芬兰的高等教育改革起步较晚，自1986年芬兰制定新的《高等教育发展法》，从而走上了高等教育的改革之路。1995年颁布了《信息社会中的教育、训练与研究国家策略》；1999年对1995年版本进行了进一步提升，颁布了《信息社会中的教育、训练与研究 2000—2004 国家对策》。这一系列的政策促进了高等教育各方面的变革。曾雄军在《挑战与应答——年代芬兰高等教育的变革》一文中指出，从 90 年代初，芬兰的经济不景气、高等教育官僚化以及大学生毕业的就业不乐观情况，促使了芬兰高等教育在教育管理体制的改革，其高等教育管理体制从以传统的国家控制为主，变革为一个以市场和结果为主导的体制，并且设立了非大学高等教育，在财政拨款方面也从项目拨款方式转向了综合性财政拨款方式。教育部国际交流与教育司出国留学工作处驻芬兰使馆教育处卢枫的《国际竞争力来自成功的教育——芬兰的高等教育及国家政策》从发展"国家创新体系"贯彻"科教兴国"战略、促进国际化、提高科研质量等几个方面阐述了芬兰自 90 年代以来的改革措施。

第五章 我国区域高等教育国际化发展现状与对策

伴随全球高等教育的发展,我国一些地区,尤其是经济相对发达的地区高等教育出现区域化与国际化发展并存的局面。这些区域高等教育的发展既得益于区域发展,同时又在高等教育国际化过程中成为重要一极,推动了教育国际化的进一步发展。

第一节 北京高等教育国际化现状与对策

北京高等教育国际化发展对于建设中国特色世界城市而言是助推式发展,对于提高高等教育自身质量而言是内涵式发展。目前,北京高校留学生规模国内第一,但领先地位面临挑战;留学生数量持续上升,但学历结构有待改善;留学生比例稳步增长,但与发达国家和城市仍有差距。城市竞争力不高,人口国际化偏低,高等教育国际竞争力与吸引力不足是制约北京高等教育国际化发展的外部与内部因素。北京高校应当结合实际情况制定国际化发展战略,强化课程内容与教学方法的国际化维度,提高专业课程中全英语授课的比例,打造优势专业吸引高层次留学生,建设具有国际视野的教师队伍,以及为留学生提供更多的汉语培训课程。

一、北京高等教育国际化的现状与挑战

(一)留学生规模国内第一,但领先地位面临挑战

2005年,美国纽约、洛杉矶、波士顿、华盛顿、芝加哥、旧金山、达拉斯、费城、休斯敦和迈阿密10座城市接纳了大约36%的赴美留学生。同为东西海岸具有重要影响力的城市,纽约凭借优质高等教育集聚效应,特别是世界一流大学的全球竞争力,吸引的留学生人数比洛杉矶多48.2%,也是波士顿的两倍多。北京一直以来都是来华留学生的主要目的地城市,留学生在校生数量居全国之首,2011年留学生规模占全国的比例超过四分之一。但是,随着国内其他省市高等教育的快速发展,北京留学生教育的领先地位正面临挑战。

北京高校留学生规模在国内的领先优势在逐步缩小。作为来华留学生的主要目的地城市,北京高校留学生规模一直在国内保持领先地位,并且与处于第二位的上海相比仍然具有明显优势。但是我们应当看到,这种优势地位正在因为其他省市大力发展高校留学生教育而逐步缩小。从2006年到2011年,北京高校留学生规模占全国来华留学生规模的比例从33.7%下降到26.6%,上海的留学生规模过去几年进入一个稳定发展时期,在全国的比例处于缓慢下降的水平,而江苏、浙江等省的高校留学生所占比例却在持续上升。

与此同时,北京高校留学生规模的增长速度不仅低于全国平均水平,也低于其他高等教育资源集聚的省市。从2006年到2010年,全国高校留学生规模每年都在以10.0%及以上的比例增长,但是同期北京的增幅均低于这一半,而且2009年还出现负增长。同一时期,北京高校留学生规模的增长速度整体上不仅小幅低于上海,而且与江苏、浙江等省比较还存在明显差距。2011年,北京高校留学生规模出现了较大幅度的增长,超过全国平均增幅,这主要得益于开始实施"留学北京行动计划"的首轮政策效应,但是与同年推行"留学浙江行动计划"的浙江取得43.1%增幅相比仍然存在较大差距。从浙江、上海等省市已经颁布并开始实施高等教育国际化政策来看,将挑战北京留学生教育排名全国第一的地位。例如,《上海市教育国际化工程"十二五"行动计划》提出,在继续推动上海纽约大学建设的同时,再吸引若干所国外高校在上海合作举办独立设置的高等教育机构。

(二)留学生数量持续上升,但学历结构有待改善

除规模外,留学生的结构也是衡量高等教育国际化水平的重要参考。2009年以来,北京高等教育逐渐摆脱全球金融危机的阴霾,留学生规模在短暂回落之后再次增长。从2009年到2012年,北京高校留学生总数从30766人升至40549人,累计上升幅度达到了31.8%。但是,留学生的学历层次和来源区域结构仍然有进一步完善的空间。

在留学生的学历层次结构方面,研究生比例持续提高,本科生比例有所下降,专科生比例显著降低,近一半的留学生是赴京参与各种培训项目的非学位生。2009年,研究生比例为11.8%(其中博士生占3.9%,硕士生占7.9%),到2012年,这一比例上升至16.1%(其中博士生占4.9%,硕士生占11.2%)。研究生规模的扩大以硕士生的增加为主。尽管本科生绝对人数从12618人上升至14389人,但是在留学生总规模中所占的比例却从41.0%下降至35.5%。专科生所占比例从2.4%下降至0.4%,随着留学生规模的增长,其比例会保持继续下滑的态势。赴京参与各种培训项目的留学生比例从

44.8%上升至48.0%。从2012年最新的数据结果来看，非学位生所占的比例偏高，需要进一步吸引高层次留学生。

（三）留学生比例稳步增长，但与发达国家仍有差距

在校生中留学生比例是国际通用的衡量高等教育国际化程度的主要指标。在这一指标上，我国整体上与其他发达国家存在较大差距。从2006年到2010年，我国高校留学生比例一直维持在0.2%的水平，2011年上升至0.3%。同期，英国、美国、法国等传统高等教育强国的留学生比例一直在稳步上升。邻国俄罗斯、日本、韩国等国家在高等教育市场中的影响力和吸引力也在不断增强。一直努力打造亚洲高等教育中心的新加坡，其留学生所占比例甚至达到了22.8%。作为来华留学生的主要目的地，北京高校在校生中留学生比例从2008年的4.26%升至4.65%。但是这一指标仍然低于其他主要世界城市的发展水平，以英国伦敦为例，2012年伦敦高校国际留学生人数达到10.6万人，占伦敦高校当年注册学生数的25.4%。尽管北京的比例略高于香港地区，但是如果考虑两地高等教育资源和城市人口规模的差异，北京与香港地区的高等教育国际化程度仍然存在明显距离。

二、推动北京高等教育国际化对策分析

《北京市中长期教育改革和发展规划纲要（2010—2020年）》提出，"适应建设中国特色世界城市的需要，瞄准世界教育发展变革的前沿，推动北京成为展示国家教育成果的重要窗口，教育合作交流的重要舞台，国际化人才培养的重要基地，外国学生留学中国的主要目的地，构建教育开放与合作的新格局"的战略发展要求。在宏观层面，继续推动和不断深化北京高等教育国际化进程，不仅是提高北京高等教育质量与国际竞争力的必然要求，也是将北京建设成为具有中国特色世界城市的战略选择。在微观层面，从发展战略到人才培养、从课程设置到教学方法、从教师队伍到学位计划，北京高等教育应当在自身发展的整个过程中融入国际化的思维，只有这样才能打造一支在全球学术共同体中具有话语权的教学科研人员，培养一批在世界经济交流中具备竞争优势的国际专业人才。

（一）结合实际情况制定国际化发展战略

随着经济全球化深入发展，留学生和外籍教师流动性增强、高校课程的国际化维度强化、对国际交流与合作研究的重视、各种全球大学联盟的形成与扩大皆是大势所趋。为了确保高等教育拥有国际性的竞争力，并提高毕业生全球就业能力，世界各国在扩大高等教育规模的同时，还要保证高质量的

教学和科研。为此，高校制定国际化的战略措施以获得全球性的学术竞争力。目前，北京已经开始实施"留学北京行动计划"，但是在学校层面制定系统全面的国际化战略还不多见。2010年1月，中国人民大学发布《全面提升国际性规划纲要》及其实施细则，在学校国际声誉日益增强的现实基础之上，反省学校面向国际发展的主要挑战，提出了具体的战略措施与制度保障。香港科技大学与浦项科技大学在全球高等教育共同体中快速崛起的经验说明，只有将国际化战略提升到攸关整体发展的顶层设计，才能全方位打造具有国际竞争力、影响力和吸引力的高校。因此，北京高校应该结合自身基础与定位，制定有目标、有步骤、有内容、有保障的国际化发展战略。

（二）强化课程内容与教学方法的国际化维度

教育国际化研究专家简·奈特（Jane Knight）认为，国际化是把国际的、跨文化的或者全球性的维度融入教育的目的、功能以及实施中去的一个过程。这种定义强调教育国际化的目的、结果和影响，把着重点放在分享优质资源、培养新一代国际化人才核心素质、全面提高教育质量之上。国际化是提高高等教育质量的重要手段，而根本目的是提高人才培养的质量。课程是人才培养的载体，要培养国际化人才，课程本身也应该具有国际化特征。上海纽约大学常务副校长杰弗里·雷蒙在一次报告中，对学校的两门课程做了这样的描述，所有的学生都需要流利使用中英双语，都要上一门持续两学期的课程——《社会的全球视角》，这门课要求学生从不同文化背景的角度去探索各种人类基本问题，从子女孝道到环境责任。所有学生还要上另一门持续两学期的课程——《文化的全球视角》，在这门课上，学生会通过不同的表现形式，包括文学、艺术和数学媒体等，来领略全世界不同的文化。因此，强化课程内容与教学方法的国际化维度，要在课程内容与课程实施过程（包括教学手段、课程方式等）中注重整合国际化因素。同时在专业课程中适时引进国际学术前沿的最新成果，让学生以国际视角认识新事物，拓宽新视野。

（三）提高专业课程中全英语授课的比例

对于亚洲高校而言，语言问题是国际化发展所面临的首要障碍。新加坡与香港地区的高校因为坚持高比例的全英语授课而为提升本地高等教育国际吸引力打下坚实基础，在此问题上曾经长期遭遇瓶颈的日本与韩国高校也在奋起直追。日本从2009年启动国际化基地建设项目"全球30"计划，重点建设那些可以使用英语完成学位培养计划的高校。东京大学也提出在2020年英语授课比例要增长至2010年的3倍。为了未来能够招收到高质量的学位留学生，上海交通大学也在不断加强全英语授课专业建设，完善全英语课程的认定标准。近年来，北京一些高校已经开始设置全英文授课专业课程。但是，一方面已经开设的全英文授课专业在数量上还远远不能满足留学生的需求，另一方面已经开设的全英文授课专业的课程质量还需要不断改善提高。2010年，北京大学、清华大学、中国人民大学和北京师范大学四所高校共开设30个全英文授课专业（学位授予点）招收留学生，不足四所学校专业（学位授予点）总数的3%；北京市开设有全英文授课专业的高校共计27所，不及北京高校总数的一半。目前，北京高校中具有较强专业知识和英语教学能力的教师数量有限，能够开设具有前沿性国际化课程的教师更是缺乏，制约了全英语授课课程开设的数量与质量。虽然这一情况在近几年来一直有所改善，但是仍然没有形成较为完备的课程体系。高校应当大力培养和引进具有国际视野与素养的教师，积极开设全英语授课课程。

（四）打造优势专业，吸引高层次留学生

留学生教育是在世界范围内吸引优秀学生，吸收高层次人力资源的重要手段。北京高校留学生规模持续扩大，学历层次结构也在逐步改善，但是比较而言，高层次留学生数量仍然偏少。2008年，中央部属高校研究生中留学生规模最大的是清华大学和北京大学，分别是552人和530人，占当年全校研究生在校生数的比例仅为4.4%和2.9%。而同年世界知名大学研究生中留学生比例最少也超过了30%，例如，哈佛大学为35%，麻省理工学院为37%，斯坦福大学为33%，剑桥大学和牛津大学分别为52.8%和63%。在亚洲的新加坡国立大学、东京大学、首尔大学和香港大学，研究生中留学生的比例也分别达到了60.6%、18.6%、36.7%和44.6%的水平。为此，高校应当重点选择一批有特色、有基础、有优势的专业，扩大硕士与博士留学生的招收规模，吸引高层次留学人才。

（五）建设具有国际视野的教师队伍

一直以来，北京高校重视教师队伍国际化建设，但是与发达国家和城市相比还存在着一定的差距。例如，香港科技大学超过八成教师毕业于剑桥大学、牛津大学、哈佛大学、耶鲁大学等世界一流英美大学并获得博士学位；2012年，韩国首尔大学外籍教师的比例约为5.3%。要建设一支具有国际视野的教师队伍，一方面，要积极聘请海外学者来华任教、讲学，提高外籍教师的比例，从而把国外先进课程、教学方法引入北京高等教育。另一方面，主动派遣和鼓励本校教师到国外进修、访问、教学，参加海外学术活动，拓宽教师的国际化视野，在提高教师外语水平的同时，还能学到国外大量的前沿知识、先进的课程体系以及新的教学方法。

（六）为留学生提供更多的汉语培训课程

学习汉语是留学生选择来中国留学的一个重要因素，但是对于大多数留学生而言，很难要求他们在汉语水平达标之后，再接受汉语授课的专业教育。一项针对留学生的调查研究显示，大多数留学生希望用汉语学习，但是所在学校所提供的汉语培训远不能满足他们的需求。该研究通过进一步的分析也发现，修读语言类文科专业的留学生，比理工科和医学专业的留学生更容易感到用汉语学习的困难。为此，在增加英语授课课程数量的同时，学校还应当为留学生提供更多可供选择的汉语培训课程，并且在条件允许的情况下，向语言能力达到要求的留学生开放汉语授课课程供其选修。

第二节　上海高等教育国际化现状与对策

20世纪90年代以来，随着世界经济全球化的形成，政治多极化的趋势发展，多元文化的相互冲撞与融合，信息交流技术的迅速发展和网络社会的逐步形成，许多问题都已经变成了国家间和国际性的问题，越来越需要世界各国参与合作、共同解决。在这样的历史背景下，高等教育的国际化，成了社会历史发展的必然要求。根据上海市的发展规划，上海确定建立现代化国际大都市，提出"一流城市，一流教育"的战略口号，使得上海有必要发展高等教育的国际化，也有必要对上海高等教育国际化的对策做深入研究和探讨。

一、上海高等教育国际化的发展现状

（一）留学活动开展火热

出国留学作为中国改革开放事业的一个重要组成部分，被视为加强对外交流，吸收外国先进的科学技术，增进国际理解的重要途径。在改革开放思想指引下，上海新时期的留学活动从20世纪70年代末开始发展到现在，出国留学政策经过了从单一的国家公派向多种形式和途径转变、从单纯的政府行为逐步向政府与非政府行为相结合的方向转变。

20世纪70年代末、80年代初，我国派出的留学生主要由国家公派，大部分以访问学者的身份赴欧美各国学习。留学活动的派出权完全在政府部门。由于改革开放的深入，对外交流日益频繁，赴国外读研究生的也越来越多，留学教育渠道进一步拓宽。1982年7月16日，教育部下发了《关于自费出国留学的规定》，明确指出自费出国留学是培养人才的一条渠道，也是贯彻改革开放、引进国外智力的一个方面，并对申请程序、年龄以及学成回国的

待遇等做出有关规定。进入90年代，从加快建立社会主义市场经济体制的高度和培养高层次社会主义建设人才的需要出发，留学政策进一步调整。1992年8月，国务院发出《关于在外留学人员有关问题的通知》，提出"支持留学、鼓励回国、来去自由"的新方针，我国的出国留学教育政策随着开放政策的深入而更趋开放、稳定、完善和成熟，这也适应了开放的中国教育走向国际化的客观需要。而且教育行政部门的角色开始间接化，留学活动不再全部是政府行为，相当一部分是单位和个人的行为。

留学教育作为国际教育的重要组成部分，它已成为国际文化、经济、科技、教育交流的重要渠道和各国培养、利用、吸引人才的重要方式和途径。上海市政府对出国留学教育历来非常重视，特别是改革开放以来，上海的出国留学教育得到了很大发展，并取得了令人瞩目的成就。1979—2000年，上海教育系统（主要是高校）共有3.2万名教学、科研和行政人员出国留学，其中学成回国的0.7万多人已为上海的建设发挥了重要的作用。按照"公开、公平、公正"的选拔原则，上海积极鼓励和支持优秀人才参与国家公派出国留学基金的申请。通过严格的专家评审，2000年国家留学基金资助80余人出国留学。根据"支持留学，鼓励回国，来去自由"的国家留学方针，上海为自费出国留学人员敞开了大门。2000年上海有4.5万名大专以上学历人员申请自费出国留学。

上海高等教育扩大对外交流，大量派遣出国留学生，学习外国先进的科学文化成果，同时，也积极接收外国学生来沪学习，扩大上海的国际影响。随着上海经济的不断发展和国际影响的日益增大，会有越来越多的外国留学生来华学习。

自1992年以来，上海的来华留学生以每年20%的速度递增。2000年，上海的24所高校共接收了4711名（长期生）来华留学生，其中自费生3921人，占来华留学生总数的83%，硕士以上研究生和高级进修生484人，约占总数的10%，此外还有1600名左右短期留学生，这些留学生来自104个国家，分布在140多个专业学习。根据教育部的统一要求，上海实施了来华留学生政府奖学金年度评审制度。

随着改革开放的不断深入，上海市招收外国留学生的能力也不断提高。在观念上积极向一些发达国家靠拢，将招收留学生作为服务贸易的一项内容给予特别的重视，在操作上大力加强招收留学生的市场化动作程度。这两三年来，上海市教委每年组织各高校的负责人去国外招生，并编写了《留学上海》一书作为宣传材料，并通过利用因特网等多种手段加大推广和宣传力度。通过各种努力，上海市招收外国留学生总数一直保持着稳中有升的格局。2004

年上海市23所有外国留学生招生资格的全日制普通高校共计接收外国留学生人数为22205名,比2003年增长了62%,占全国外国留学生总数的四分之一,其中长期生14446名,其他各类短期留学生7759名。按来沪留学人数多少占前10位的国家是韩国、日本、美国、泰国、法国、德国、印度尼西亚、马来西亚、加拿大、朝鲜;按来沪人数多少占前10位的高校是复旦大学、上海交通大学、华东师范大学、上海外国语大学、上海大学、同济大学、上海财经大学、上海师范大学、上海中医药大学、东华大学。

(二)教师队伍国家化发展突出

随着改革开放政策的实施,中国政府积极采取措施,引进外国智力,聘请外国专家和教师来华任教、讲学。1980年4月,政府制定了《外国文教专家工作试行条例》,提出聘请外国专家和教师的方针是按照"少而精"的原则,统筹安排,合理布局。1990年至2000年,上海教育系统共聘请长期外籍专家和教师3172人次。近几年来,上海外国文教专家从数量上有较大发展,2003年聘请的外国专家、外籍教师2200余人,是"八五"期间五年总和的两倍以上。聘请教师的学校和教育机构也从单一高校扩展到双语类中小学、高级中学、社会力量办学单位、中外合作办学和国际学校。上海聘请外籍专家和教师工作也取得了较大的经济效益和社会效益。另外,除了政府渠道外,上海的高校还与国外一些高校之间互派学者、教授任教讲学,进行学术交流活动。

(三)国际学术会议和国际合作项目众多

上海的高校和市属教育科研机构举办或与国外的教育学术机构合办国际性学术会议,是开展国际性学术交流和合作的重要形式,是促进学科建设,了解国际科技、文化、教育发展的最新动态和信息的重要手段。近年来,上海市的教育单位通过举办或合办各类国际学术会议,进一步发展了与世界各国的学术交往,提高了自己的学术水平,对提高上海高等教育的学术地位,开拓与国外教育科研机构的合作渠道,推动科教兴市战略的实施,是有其非常积极的意义的。上海教育国际合作交流与合作由被动接待向主动寻求国际合作项目方向发展。上海市教委近年来先后组织或参与组织了联合国教科文组织亚太地区教育局"教育为创新服务"年会、全球巨型大学峰会、上海教育论坛、世界中学生足球赛等多次大型国际会议和竞赛活动。2004年5月上海市教育委员会和上海市教育学会、上海市高等教育学会、上海市教育国际交流协会联合成功举办了第一届上海教育论坛,本次论坛的主题是"现代化发展:城市与教育"。国内外教育专家、学者共150人参加了论坛,17名主题发言专家，有 9 名来自境外。同时，上海市还充分利用和国外友好城市的双边交流。迄今为止，上海市教委已和国外的 9 个友好城市（澳大利亚昆士兰，德国汉堡、日本大阪、横滨，韩国釜山，加拿大魁北克，墨西哥哈里斯科，俄罗斯圣彼得堡，波兰格但斯克）签订了教育合作交流的正式协议，另一些国家和地区的协议书签订事宜正在积极商讨之中。

近年来在上海举办的国际学术会议主要有以下特点。

（1）大、中型会议增多，与会人数超过 80 人的占半数以上，数百人出席的也为数不少。其中上海第二医科大学举办的《2000 年国际屈光探索与发展论坛》、同济大学的《亚太地区软土工程学术研讨会》等国际学术会议，与会人数均在 300 人以上。

（2）国际学术会议的议题中不少为该学科领域的最新前沿课题，且多数课题涉及我国和上海市目前所面临并且需解决的问题，有的更是当前的热门话题以及与我国教育改革休戚相关。如复旦大学的《环境科学与工程及相关的数学问题国际研讨会》、上海交通大学的《高等学校后勤社会化国际研讨会》、上海市教育科学研究院的《亚洲教育规划研究与培训机构网络 2000 年学术研讨会》等。

（3）许多国际性或地区性的学术年会开始在上海召开，显示出上海的国际学术水平已有很大提高，正在逐渐跟上世界发展的趋势和学术地位。如上海交通大学的《国际环境制造委员会 2000 年亚洲年会》、中欧国际工商学院的《高级经理人教育国际大学联盟 2000 年年会》等。这些国际会议在上海召开，都在该学术领域内产生较大的影响。

（四）中外合作办学稳步发展

1991 年，上海市人民政府与欧盟联合举办了我国第一所中外合作的高校——中欧国际工商管理学院，从此拉开了上海中外合作办学的序幕。上海近年来高等教育中外合作办学发展较快，上海的中外合作办学项目和机构外方合作者的国家和地区日益趋向多元化，涉及美国、英国、德国、法国、加拿大、澳大利亚、新西兰、荷兰、丹麦、日本、爱尔兰、新加坡、韩国、马来西亚、毛里求斯以及我国的港台地区等 18 个国家和地区，2003 年通过审批的项目有 35 项，是前 10 余年年平均的 3.5 倍。2003 年 9 月 1 日由国务院颁布的《中华人民共和国中外合作办学条例》正式实施，为进一步推进和规范中外合作办学，使之健康、持续地发展提供了有力的保障。2004 年教育开放、教育合作步伐进一步加快。作为中外合作办学的主体高等教育领域，现有合作办学项目和机构共计 164 项，其中学历教育 87 项，非学历教育 77 项，约占本市合作办学总量230项的71.3%，涉及研究生、本科和专科层次的教育。在中外合作办学过程中，我国引进了国外较为成熟的专业课程体系，有的甚至在国内尚未设立，填补了我国的空白。如上海外贸学院成功地引进了澳大利亚墨尔本理工大学的"国际物流"专业，短时间内就培养了目前国内经济建设急需的现代物流人才。

2004年的合作办学统计数据显示，合作办学的重心和热点正呈现由低层次向高层次发展，由非学历教育向学历教育转化的趋势，合作的外国教育机构层次也有明显提高。通过积极引进国外优质的教育资源，上海市高等教育在合作办学的总量中占的比例逐年提高，高等学历教育的中外合作办学比例首次超过非学历教育项目总数达到53%，呈现良好的发展态势。上海高等教育中外合作办学经过十余年的发展，借鉴了国外先进教学方法和管理经验，推动了高校的课程、教材、师资、教学和管理体制、运行机制的进一步改革，为上海经济建设培养了一大批有国际竞争力的复合型人才。

二、上海高等教育国际化的实施对策分析

高等教育国际化是特定历史条件下的产物。它不是孤立现象，而是一种世界的总趋势，只有国际社会进入"国际化时代"之后，高等教育的国际化才能成为可能。由于受各自的政治、经济、文化等具体条件的影响，各国高等教育国际化的发展速度和具体内容也有所不同，高等教育的国际化与国家、民族的发展息息相关，呈现不同的特色。就上海来说，高等教育的国际化水平还相对较低，还没有就培养目标、教学内容、教育制度等方面提出国际化的一系列对策。邓小平"三个面向"的指导思想，明确了教育要面向世界发展的战略目标，成为中国政府自上而下实施国际化战略的指导方针。上海市政府也提出了"一流城市、一流教育"的战略目标。上海高校成为独立的办学实体，自主地开展国际交流，将成为自下而上推动高等教育国际化的重要力量。如何将政府和高校的力量结合起来，针对不同层次、不同类别的高校的实际情况，制定目标明确、措施可行、效果较好的战略，共同推进上海高等教育的国际化进程，将关系到上海高等教育未来的发展。

（一）政策层面上的实施策略

1. 坚持在本土化基础上的高等教育国际化

必须坚持国际化与本土化相结合的原则，努力建设有时代特征、有中国特色和上海特点的高等教育体系。

2. 进一步落实高校办学自主权

随着市场经济的发展和加入WTO，上海政府必须在加大对高校办学投入的同时，进一步简政放权、转变职能、进一步完善法律调控机制，与高校建立一种合理的权利配置体系，进一步落实高校办学自主权。高校在执行国家的政策、法令、计划的前提下，应该享有在教育和教学中的独立法人地位。高校在专业设置、课程设置、招生计划、师资配置、教学安排等方面的自主权须得到进一步扩大，使其能及时根据社会的需要，调整国际化进程中需要的专业，尤其是应对入世后急需的专业。同时，能使之有权与外单位、外国办学机构合作，联合办学。

3. 加大对高等教育投入

发达国家财政性教育支出占国民生产总值（GDP）的比重多年前就已超过5.0%，2000年，上海用于教育的财政支出为93.79亿元，只占GDP的2.4%，距1993年我国政府颁布的《中国教育改革和发展纲要》中规定的4%的目标，尚有很大的差距。政府投入不足造成了上海多数高等教育都处于"紧张运行"的状态。

上海市政府在加大对高校投资的力度的同时，还必须拓宽高校办学的资金渠道。高等教育的发展大多采用"内涵式"（扩大已有的高校规模）和"外延式"（增加新的高校）两种方式。当"内涵式"发展出现压力时，我们完全可以加速"外延式"发展。入世以后上海高校要拓宽与国外合作、合资办学的渠道，以缓解办学资金的压力。此外还要努力增加上海市政府的投入，加大高等教育成本（由政府、社会、个人分担）的改革力度，充分运用金融手段筹资融资，形成高等教育投资新体制。

4. 政策推动留学生教育的发展

大力发展留学生教育，提高对发展留学生教育重要性的认识。发展留学生教育是高等教育国际化发展战略的主体工程之一。发展留学生教育，可以提高学校的教学、科研水平，促进各国人民之间的相互理解，加强国家之间的双向合作。西方发达国家高度重视发展留学生教育，有的把发展留学生教育作为教育出口产业的一项基本国策；有的作为促进本国经济发达、科技进步、文化繁荣的根本政策。我们也应切实加强留学生教育，发挥中央、地方和院校的积极性，共同搞好留学生教育。中央要制定专项政策，确定宏观规划，开展教育评估；地方要加强管理，搞好协调，支持经费；院校要落实实施方案，培训师资队伍，提高教育质量。我国可以相应地采取一些措施，如放宽签证限制、加大留学生奖学金和助学金的力度、对留学生打工助学制定新的规定等，这些战略及其相关政策，都有利于加强留学生教育，推进高等教育国际化。

（二）学校层面上的实施策略

高等教育国际化的发展走向和具体实施，需要一个过程，需要通过有效的途径和方法来完成这个过程。近年来，许多发达国家和发展中国家已愈来愈清楚地意识到这一过程或趋势对本国高等教育改革与发展的重大现实意义及所构成的严峻挑战，纷纷制定各种相应的对策并通过切实可行的途径以有力推动本国的高等教育向全方位、多层次、宽领域的国际化方向稳步发展。因此，在这种形势下，探讨上海大学在国际化进程中的对策很有必要。

1. 树立教育国际化的新观念

邓小平同志早在1983年就提出"教育要面向现代化，面向世界，面向未来"，实质上就是要求教育走国际化的道路。上海市也提出了"一流城市，一流教育"的战略口号。只有树立教育国际化的观念，才能加快上海高等教育国际化的进程。要看到高等教育国际化是经济全球化的必然，是抵挡不了的世界潮流。我们必须主动去迎接它，适应它，利用它，而不可游离其外，不可消极抵制。早主动早适应，早介入早得益。国际交流与合作的增加，带来了教育观念的大碰撞。面对教育的全球竞争，上海高等教育在教育思想方面必须进行彻底的变革。首先要树立现代教育观念，变以传授知识为主的教育为以人为本、以发展能力为主的教育；要树立国际观念，变本土化教育为国际化教育，加强国际理解教育，开放办学，合作交流，培养学生具有世界视野，使其成为现代化、国际化的人才。

2. 确立教育国际化的培养目标

如今，信息革命的浪潮席卷全球，信息网络正在向世界每个角落延伸。拥有70亿人口的世界已逐步成为一个休戚与共的整体。面对这种不断发展的国际化趋势，培养人才的国际素质，造就具有国际眼光、国际态度、国际活动能力、熟悉异国文化环境、拥有国际知识的高水平复合型人才，已成为当前高等教育国际化的重要内容。作为国际教育培养对象的高等教育人才的国际素质主要应包括如下四个方面。（1）国际态度：关心地球、关心人类；适应变化、创造未来；公平竞争、友爱合作；自尊自爱、自信自强。（2）国际意识：国际理解意识、相互依存意识、和平发展意识、国际正义意识。（3）国际活动能力：独立思考能力、竞争参与能力、信息处理能力、终身学习能力、经受挫折能力、国际交往能力。（4）国际知识：国际时事；世界发展的历史与趋势；东西方文化的精华；本民族在国际社会中的地位和作用；建设祖国、服务人类的理念和使命等。

上海高校应制订在教育国际化方面的培养目标：（1）培养学生具有国际观念、国际意识，克服狭隘的民族主义，树立为全球服务、向全球开放的观点；（2）培养学生具有国际交往能力，能与外国人和谐相处，尊重外国的风俗和宗教信仰，维护中国的民族尊严和法律权威；（3）培养学生至少熟练地掌握一门外语；（4）培养学生具有一定的国际知识，了解外国的历史、政治、地理、风土人情等。

3. 调整学科专业结构

加入WTO以后，上海的就业结构正在逐渐发生变化，具有高新技术科学知识、外语、金融、法律、国际贸易、经济管理等涉外专业的人才会在上海的就业市场上更受欢迎。上海产业结构的调整变化，使得人才需求结构发生变化，相应地要求学科专业结构发生变化。因此，必须着眼于国际大市场的供需状况，树立市场意识，根据学校的办学总体定位和办学思路，迅速做出反应；科学、合理地调整、设置本科专业结构，加快发展蕴藏着巨大经济潜力的新兴学科领域，如信息技术、生物工程、基因技术、太空技术等新兴学科、交叉学科、边缘学科，培养适销对路的人才。

4. 构建国际化的课程体系

高等教育国际化的核心是课程内容的国际化。建立教育国际化的市场，必须有科学合理的、与国际接轨的课程体系和教学内容。因为人才的培养是在教学过程中实施的，教育质量的高低也要体现在课程结构和教学上。可以预见，课程国际化，即将国际的、跨文化的内容引入教学、研究、社会服务中，将是21世纪许多国家高等教育的最根本趋势之一。其目的是要培养适应一个全球化的、变化不断加剧的、联系日益紧密的世纪所要求的人才。

上海高等教育的课程改革必须与国际经济、科技发展相适应，将传统的模式融进国际化的高等教育大背景中。上海现有高校在课程体系和教育内容上，比较重视专业性和系统性，这是必要的。但上海高校要适应教育国际化的需要，必须在课程结构上做较大的改革。

课程国际化的基本措施有以下几点。一是以更高的角度、更广阔的视野，进一步构建与国际接轨的课程体系，适时更新课程内容，注重将最前沿的科技成果和科学文化知识补充、融入课程当中。二是开设专门的国际教育课程，在公共基础课和文化素质修养课中开设国际教育方面的课程，如国际政治、国际经济、国际贸易、国际文化，以及介绍外国历史、地理、风俗等方面的课程，以便使学生意识到所有国家的相互联系以及各种普遍的世界性问题。

三是增设各种涉外专业，以培养更多从事国际事务和专司外事研究的人才，与国际日益频繁的经贸、外交活动相适应。四是扩大国外原版教材的使用比例，引进并使用外语原版教材，将大大有利于学生在"用"中学，在掌握专业知识的同时学习外语的效果亦将剧增。五是建立校际联系，把到国外学习与课程联系起来，著名大学尤其要有这方面的规定。六是加大外语教育力度，提高学生的外语水平是培养国际化人才的基础。

增设"国际教育课程"主要体现在如下四个方面。一是在传统课程中增加国际内容。如美国斯坦福大学在人类生物学课程中增添了诸如人口、污染、自然环境保护、卫生保健和救援等国际社会普遍关注的内容。二是开设注重国际主题的新课程。如国际法、国际政治、国际形势、国际科技、国际贸易、国际金融、国际关系、国际新闻、区域文化、国别史等课程，或增加相关学科课时，使学生认识世界、拓宽思路，接受正确反映国际社会政治、文化艺术、历史演变、经济发展等状况甚至风土人情和生活习惯的全方位的国际教育，扩大视野，形成国际意识。三是加强外语教学或双语教学，以掌握国际交流、国际对话、获取国际信息的工具和能力。四是增加各种涉外专业，以培养懂科技、通外语、会经营、善管理的高水平的复合型人才。

5. 扩大人才相互交流

加强和扩大人才交流，是高等教育国际化的一条重要途径。就学生互换而言，一是大学应注意以公费和自费形式向国外派遣留学生，并逐年增加派遣数额，以学习外国先进的科学技术及优势学科，让学生通过在异国文化环境和社会氛围中的学习、生活与交流，养成尊重异国文化的心态，接受异国民族风格的熏陶，提高了解和研究国际问题的兴趣和适应国际环境的能力，造就深谙异国文化的国际性高层次人才。二是大学应重视接纳海外学生，大力发展境外留学生教育。它既可以丰富或融合双边文化，加强互相交流，加深相互理解，又可以扩大本国国际影响，还可以借助外国留学生的存在而活跃校园的学术气氛，丰富大学的教育内涵，特别是那些攻读硕士、博士学位和博士后的外国留学生的科学研究成果，对国家经济发展和社会进步具有重大的显性或隐性价值。

就教师互派和学者互访而言，一是"送出去"，即把那些德才兼备的优秀教师选派到国外一流的高等学府或科研机构进行进修、访问、讲学、搞合作研究等活动。只有通过相互交流，才能相互促进，相互提高。二是"请进来"，即聘请国际知名学者、专家到大学任教、讲学或到科研机构合作进行学术与科学研究。实践表明，将不同国籍的同学科或异学科的人员结合在一起，既有助于避免知识老化和知识结构的不合理，又有利于博采众长、推陈出新，进而产生学术研究上的新的增长点，形成高校教学与科研的良性循环和优势互补。因此，跨地区、跨国界教师交流应该为上海高校所高度重视。

6. 提升师资水平

经济全球化促进了高素质人才在国际的快速流动，教师队伍建设日趋紧迫。我们应该从事业感召、物质待遇、发展空间、感情投资等方面来制定人才策略，在待遇留人、事业留人、感情留人、制度留人的同时，还要积极从国际市场中想方设法挖人才，从而造就一支骨干力量雄厚、新人辈出、在国际竞争中能站得住脚的优秀的教学科研队伍，确保教育质量。上海高校向来有引进外籍教师、聘请著名专家教授的传统，这种引进规模应该继续扩大。但是在上海高校中聘请外国教育管理人员和行政骨干担任实质性日常工作的却并不多见。复旦大学前任校长杨家福出任英国著名大学诺丁汉大学第五任校长一事给了我们一个很好的启示。正如该校常务副校长考林·坎贝尔所说：诺丁汉大学正日益走向国际化，因此聘任一位能强化国际特征的校长是十分适宜的。我们是否也可考虑引进几个在国际上有一定影响、管理上很有经验的专家来充实上海高等教育管理队伍，以促进上海高等教育的改革。

7. 促进中外合作办学健康发展

中外合作办学是改革开放以来的新生事物，是教育领域的一项重大突破。中外合作办学的特点是：依托国内某教育机构或某所高校，以一级或二级学院形式出现。这类学校在办学过程中贯彻以我为主的方针（在某个项目上可以特许以外方为主），经济上自负盈亏，实行在董事会领导下的院长负责制，主要培养国内外向型国际化人才，毕业后为我国经济建设服务。上海大学悉尼工商学院是上海最早探索中外合作办学的院校之一，也是目前办得较成功的院校之一。这类合作学院通过加强国际交流合作，在办学中引进最新的原版教材、先进的教学思想和方法，加之众多的外籍教师、专家所带来的各国的丰富多彩的文化都为培养社会国际化紧缺人才创造了有利条件。其中最使学生受益之处是在国际化的环境中培养了国际意识、学会了国际通用语言和紧跟世界潮流的专业知识。此外，上海的高校特别是重点大学，还可以与外国大学（特别是华侨多、"汉语热"的国家）合作办学，开设中国语言学校，或举办短期培训班，加强对外汉语教育和国际交流。待条件成熟时，亦可在国外开办分校。

8. 建立与国际接轨的教学运行与管理机制

高等教育国际化给高校人才体系、培养标准、培养模式等方面带来了变化，计划经济体制下形成的几十年一贯制的运行模式、管理体系已明显难以适应新形势的要求，必将被冲破。因此，我们必须认真研究教育开放和国际合作的有关政策，吸纳国际教育的理念，学习国际著名大学先进的办学经验和管理办法，建立和健全有关的法律、法规，使得上海高等教育的办学体制、培养模式、课程体系、教学方法和内容以及学位认证等尽可能地与国际接轨。要采取各种形式，主动出击，"走出去，请进来"，积极尝试与国外知名大学、国内外著名企业开展联合办学的新途径，引进国外优秀教师来校工作，以更加积极的姿态参与国际教育交流。

高等教育的国际化，促使不同国家的高等教育相互交流与合作、相互学习与借鉴。它既包含了教育市场的全面开放，又包含了国家与国家之间的教育互动、资源共享以及教育体制、办学模式的创新等，然而，上海的高等教育国际化是以国家利益、民族利益为基点的国际化。一方面，需要对外开放，走出国门，加强合作与交流，积极向国际教育先进的国家学习，吸收借鉴世界先进的教育理念，改革教学，强化科研，充分利用世界各国的文明成果和丰富的教育资源；另一方面又必须认清上海高等教育的历史使命和目标，审时度势，根据上海本地的实际情况，立足特色，寻找自己的发展方向，不能照搬硬套，也不是兼收并蓄。只有这样，才能培养出符合高等教育国际化需要的人才，推动上海高等教育走上健康、快速发展之路，为上海城市建设添砖加瓦。

第三节 深圳高等教育国际化现状与对策

深圳市是中国五个副省级计划单列市之一，经济特区，四大一线城市之一，国际重要的空海枢纽和外贸口岸，中国南方重要的高新技术研发和制造基地，中国重要的经济和金融中心，2012年经济总量居中国大陆第四位，2013年，深圳地区生产总值（GDP）14500亿元，人均GDP为22113美元，地方公共财政收入1731亿元。高等教育国际化发展迅速，重点反映在深圳大学、深圳职业技术学院两所大学上，以及市政府的相关政策决策上。

一、深圳市高等教育国际化的现状

（一）深圳大学高等教育国际化现状与经验

创办于1983年的深圳大学，是深圳唯一一所综合性大学。建校以来，深圳大学充分发挥其地处特区，毗邻港澳的地理优势，依托经济发达的社会环境，锐意进取，较早实行高等教育国际化理念，国际交往联系密切。该校外围留学生教育始于1987年，迄今学校与境外106所高校建立了交流合作关系，培养了来自60多个国家和地区的1万多名外国留学生。深圳大学每年有1500余名留学生。近年来，该校年度本科交换生300多人次，留学生1500余名。

1. "两条腿"走路的发展战略

深圳大学在国际化方面，始终坚持"走出去"与"请进来"相结合的发展战略。在高等教育国际化进程中，学生国际性流动占很大比例。学生流动性包含招收国际学生以及输送本国学生到海外攻读学位和进行短期学习。为鼓励学生走出国门，该校设立了各种形式的出国计划，既有短期交流，又有"2+2""3+1+1"等形式。在高等教育投入主要靠政府的当下，深圳大学在积极争取地方政府支持的同时，也积极争取社会力量对高等教育的投入，并从学校接受的社会捐赠中拿出很大一部分资金用于资助学生出国交流，学生每年能拿到的最高奖学金可达到8万元。

在多层次国际化办学方针的指导下，深圳大学不仅鼓励本校学生"走出去"，还积极鼓励将国外著名学者"请进来"，为学生拓宽国际视野。深圳大学每年应邀来校讲学、进行学术交流和参加合作科研等的海外学者及专家达千人。第一任访华的爱尔兰总统玛丽·麦卡利斯，原日本总理大臣海部俊树，著名学者池田大作、饶宗颐、赵浩生、吴家玮、潘毓刚，著名科学家杨振宁、李远哲、牛满江等受聘为学校名誉教授。

深圳大学还与其他国际知名高校联合成立实验室、联合科研项目、联合博士生项目及联合学院等。在师资队伍上，深圳大学除了外籍语言教师外，外籍的专业教师也越来越多。学校还通过完善校园标识和规范公共服务等举措来塑造校园浓厚的国际化氛围。

为了加快发展，提高科学研究水平和能力，产生高水平研究成果，深圳大学积极与本土的跨国企业、国际性企业（如腾讯、华为）进行合作，这是深圳大学在进行高等教育国际化中的一大创举。目前，深圳大学理工类学科主要是与深圳的高新技术产业合作，如信息技术、激光、通信等，社科类学科更多的是与深圳市政府以智库形式合作，艺术设计类学科主要是与创意产业合作，初步形成了学科—专业—产业链体系。深圳大学与国际企业产学研的合作拓宽了大学国际化的视野。

2. 来华留学生教育现状

开展留学生教育是高等教育国际化的一项重要内容。2014年深圳大学秋季学期招生数据显示，国际生有878人次入学，其中200余名学历生，占总人数的25%左右。此外该校积极向欧美发达国家引进博士留学生。目前来该校留学的学生中,韩国、日本、俄罗斯三国留学生人数最多,位列前三名。

(1)来华留学生教育与管理。

①来华留学生教育。

深圳大学国际交流学院根据留学生的汉语水平,为各种长、短期的语言进修生提供入门、初级、中级、高级四种程度八个级次的教学层级,因材施教,小班授课,满足不同留学生的学习要求。留学生可以根据个人兴趣和专业能力自由选择不同的汉语课程层级(半年到两年)、本科教育(四年)、研究生教育(三年)、非学历本科专业或硕士研究生专业进修学习,也可以参与科研项目或中国文化研究。

该校从2010年开展学历教育,招收母语为非汉语的外国留学生进行汉语言文学专业(汉语及中国文化方向和商务汉语方向)本科生学历教育。

在为语言进修生提供进修服务的同时,深圳大学也积极开展专业课博士留学生的招收工作,目前具有博士学位授予权的理论经济学、光学工程、信息与通信工程三个学科均招收留学博士生。

为了使留学生更好地了解中国文化,学院还开设了"汉字速成""中国书画""中国民乐""太极拳""广东话"等特色课程供学生选修。

②来华留学生管理。

深圳大学专门设置国际交流学院负责留学生招生、日常管理与服务工作,包括语言生汉语与中国文化教育、留学生汉语言文学本科教育和全校学历留学生招生与管理工作。此外,国际交流学院还负责全校国际教育合作项目的日常管理和外国文化研究与交流工作。

(2)营造良好的来华留学生生活环境。

①丰富多彩的中国文化交流活动。

除课堂教学外,国际交流学院非常注重留学生的课外生活,定期组织留学生参观了解深圳的风土人情,如:参观客家围屋、大鹏所城、体验大盆菜等具有岭南文化特色的活动;访问观光国际版画村、人芬油画村、大运会场馆等文化产业基地。

此外留学生还能在校园内参加学校的各种活动,如汉语歌唱与舞蹈比赛、摄影与绘画比赛、汉语角、中国文化节等以及各种中国传统节日活动。

"第二课堂"让留学生走出教室,了解中国社会,感受中国文化,达到寓教于乐的目的。这些活动帮助留学生提高了汉语水平,在中国文化的熏陶下增强了对中国传统习俗与文化的了解。

②浓厚的国际化校园氛围。

深圳大学校园内有十个餐厅,可以提供中餐、西餐、韩国餐和伊斯兰餐。

留学生宿舍楼坐落在花团锦簇的文山湖畔。预定晚的留学生可能租不到留学生宿舍楼的宿舍,但是他们可以在校园周边的公寓楼租房。校园外有各种各样的日本料理、韩国料理、巴西烤肉以及越南、泰国、印度尼西亚、印度、土耳其、墨西哥风味的饭店。学校图书馆藏书300多万册,电子图书100多万张拷贝,电子期刊4万多种,紧凑型光盘只读储存器和网络数据库200多个。学校体育和文化设施完备,有三座体育馆、一座乒乓球和保龄球馆、两个游泳池、一个高尔夫练习场和多个篮球网球场、两座艺术馆和创作楼。

③方便的考证机构。

留学生能直接在深圳大学汉语水平考试中心参加实用汉语、商务汉语等各种门类的汉语水平考试,为留学生考证带来很大方便。深圳大学汉语水平考试中心是中国华南地区接收外国考生最多,考试门类最齐全的考点。由于深圳经济高度发达,有几万家外资企业,每年有大量外国公民来到这些外资企业就业,因此学好汉语、了解深圳也是外国留学生进入外资企业的通行证。

便捷的餐饮、住宿、就医、购物、交通、就业机会成为外国留学生来深圳大学留学的考核条件和不可或缺的考虑因素。

(3)加强具有国际视野的师资队伍建设。

在师资队伍建设方面,注重海内外招贤纳士。高等教育国际化最终的目标是要在世界舞台提升自身学校人才与科研的实力,而高质量人才培养及科学研究最根本的就是要有高水平的师资队伍。深圳大学在国际化问题上一直强调要加强青年教师的培养和优秀高端领军人才的引进,同时还要有规范、高效的管理,形成比较适合高水平大学发展的制度环境。这包括必要的压力管理和相应的激励机制,以此来为高校发展创造一个不仅有利于青年人才脱颖而出,而且有利于优秀学生健康成长的宽松、公平的氛围。

深圳大学积极落实海外引智计划。深圳市政府每年以3500万元的资金投入供深圳大学进行学科人才引进建设工作,为人才引进工作提供了巨大的物质保障。资金由学校层面自主支配,保证了学校的自主选择权。"年轻化、高学历、高职称"的城市氛围吸引了众多国际人才的涌入,目前深圳大学人才引进中以外籍华人居多。

学校对于外籍教师的管理工作主要由外事处与人事处共同负责。各学院向外事处申请人才,批准后人事处帮助其完成相关聘请工作,教学任务由各学院自行组织。

3. 对外合作办学现状

深圳大学先后与英国、美国、澳大利亚、新西兰、日本、韩国、法国、德国、俄罗斯、荷兰等国家与地区的50多所高校建立了长期稳定的教育合作关系。学校每年选派赴国外高校进修留学、考察访问、合作研究和参加学术会议的教师与学生达600人次。本校教师的出国访问进修，主要通过国家人才基金项目申请、教师休假访学资助以及以日韩英为主的交换教师项目。在高等教育国际化浪潮中，深圳大学先发制人，走精英教育路线，抓住合作办学的深层发展，谋求质量的稳步提升。

（1）深圳大学与香港浸会大学开展硕博连读研究生合作项目。

目前，深圳大学与香港浸会大学开展硕博连读研究生合作项目，两校在地理信息、数学、新闻传播学、生物学、化学5个双方都具有优势和特色的学科领域联合培养全日制博士研究生和硕博连读研究生。为保证合作培养质量，每个联合培养的学科领域每年招生计划原则上不超过2名。

（2）深圳大学与荷兰代尔夫特理工大学开展联合培养博士研究生项目。

在与荷兰代尔夫特理工大学开展的联合培养博士研究生项目中，该校积极拓展对外合作，签订"2+2"协议，实现双校园、双文凭办学。

（3）英国贝尔法斯特女王大学与深圳大学的联合办学项目——基础课程衔接项目。

1998年，英国贝尔法斯特女王大学与深圳大学开始联合举办基础课程衔接项目，学生通过修读本课程，可提高英语水平并增强学习技能，以适应西方教育的要求。该课程按照贝尔法斯特女王大学的教学大纲，由两校的教师共同任教，本课程班分文科和理工科，为准备就读金融、管理和经济等文科专业和各类理工科专业的学生提供充分的准备。目前该项目已输送出国留学生630人。完成本科学习后，大部分学生选择了继续在英国攻读硕士、博士学位，有的则选择了在美、英等国家或者国内的银行或企业就职。据不完全统计，前11届412人中已有32%以上进入世界排名前一百的大学或英国名校攻读博士或硕士研究生。与此同时，从2006年开始，该项目设立奖学金，凡是完成课程学习、成绩优秀，并在英国贝尔法斯特女王大学就读本科的一年级学生可以申请该奖学金，奖学金总额为2万英镑，其中一等奖为5000英镑。"女王班"是一个高质量的合作办学项目，2006年英国高等教育质量评估相关机构对该项目进行了评估，高度赞扬该项目为准备留学英国的学生提供了全面支持，做好了各项准备，并对学生抵达英国后的学习提供了后续支持，2010年被英国大使馆文化教育处认定为"英国首相行动计划合作院校"。

4. 参与友好城市大学联盟

20世纪80年代中期，深圳开始与国外城市建立友好城市，截至目前，深圳的友好城市和友好交流城市总数达到69个，其中友好城市18个，友好交流城市51个,遍布亚洲、欧洲、北美洲、南美洲、非洲、大洋洲各主要国家。友好城市将根据互利的原则,在经济、贸易、港湾物流、文化、教育、体育、卫生、人员等方面开展多种形式的交流与合作,促进共同繁荣发展。深圳大学国际化的一个特点就是与深圳这座城市的国际化结合。

借助友好城市平台,2014年由南方科技大学倡议,会同深圳大学、深圳职业技术学院、深圳信息技术学院、香港中文大学、北京大学深圳研究生院等10所高校发起,深圳国际友好城市大学自愿参加,成立了深圳国际友好城市大学联盟。根据《深圳国际友好城市大学联盟共同宣言》,联盟将致力于推动友好城市大学的学术交流合作,增进友好城市大学间的互信与友谊,为成员大学搭建教育、科技、文化交流、合作和分享的平台,利用和发挥成员大学的优势,促进资源互惠共享,实现优势互补,共同推动高等教育的可持续发展。联盟将通过举办年会、论坛等活动,发展科研合作、人才联合培养、信息共享机制等形式多样的合作项目。目前已有27所中外高校加盟,其中17所加盟高校是外围高校,来自5大洲12个国家。每年暑假,深圳大学创建的"友城使者夏令营"都邀请深圳的国际友好城市的大学生到深圳大学参加为期两周的夏令营。由深圳市政府牵头举办的冬令营与夏令营给予了深圳大学生与国外学生相互学习、实习的机会。2015年6月28日,深圳大学开办了首届国际文化节活动。来自30多个国家的美食、传统服饰、民族舞蹈闪亮登场,成为学校开放日的一道亮丽独特的风景线,进一步增强了文化理解。

5. 优势与挑战

(1) 优势。

①位处特区的地域优势与充足的地方性财政资助。深圳大学作为中国第一个经济特区内唯一的一所综合性大学,创建前期由清华大学和北京大学提供智力支持。建校以来,深圳大学充分发挥其地处特区、毗邻港澳的地理优势,依托经济发达的社会环境,使得其在高等教育国际化中拥有高起点的海外知名度与地区政府的巨大资金投入。

②校级领导团结一心,高度一致的国际化观念。该校对于高等教育国际化的理念实行最早,这离不开校级领导班子的高瞻远瞩以及团结一心、真心实意为学生服务的理念。个人出国学费低、项目类型多的硬性条件增加了全校学生的出国机会。

(2) 挑战。

①政策管理瓶颈。在政策条件的限制下,该校目前的学生交流仍旧以交换生方式进行,中外办学难以批准,该校目前尚无孔子学院。由于受管理体制中的权利制约,院校层级权利受到一定束缚。例如,在"港圳同城化"实

施过程中的配套设施资源共享问题。由于市属大学之间的校级合作尚无学校层面立法章程可循，必要时需向省教育厅申请，其过程略显烦琐、耗时，使学校之间的交流不是那么顺畅，降低了合作的积极性与成功率。

②生源问题。由于毗邻港澳的地理优势，该校与港澳台交流频繁，但香港学生多数以文科专业为主，对台交流则呈现只去不来的单一化特征。此外，还存在由于签证问题降低境外实际来校留学学生比例的情况。

③场地问题。由于近年来国际化教育发展速度过快，留学生宿舍饱和，部分留学生在外租房给学校管理带来不便，造成部分留学生在校出勤率过低或者由于在校外表现不佳导致被公安部门遣送回国，未能完成学业。

④教学问题。学校的双语教学主要集中在国际经济与贸易专业，除语言生外各学科都开展双语教学的工作难度较大。学校主要采用与国外联合办学的形式，但办学层次仍旧不高，多数是为出国留学做准备的预科教育，含金量低。

6. 未来发展

为了进一步推进国际化，深圳大学制订了"双千计划"——每年来华留学生的招募与出国留学的输送人次均达到1000人。在"走出去与请进来"的发展战略中，深圳大学制定了自上而下的国际化标准，通过奖学金和校园软硬环境为师生提供"走出去"的机会并展现"请进来"的实力。

现阶段地方高校MOOC联盟逐渐兴起，试想如果学生通过网络学习，花少量的钱就能拿到国际名校的文凭，就不会选择出国。为此深圳大学正在积极引进、开设优质课程，抓住机遇，不仅做好线下出国留学教育，更要在互联网教育上占据主导地位。

（二）深圳职业技术学院高等教育国际化现状与经验

深圳职业技术学院成立于1993年，是国内最早独立举办高等职业技术教育的院校之一。建校以来，学校依托珠三角产业发展，秉承深圳特区改革创新精神，着力推行"政校行企四方联动，产学研用立体推进"的办学模式和"文化育人、复合育人、协同育人"的系统改革，致力于培养"德业并进、学思并举、脑手并用"的复合式创新型高素质高技能人才。目前，全校在编在岗教职工1620余人，专任教师1150余人，专任教师中"双师"素质教师比例达到82%。全校有普通全日制在校生2.4万余人，各类成人学历教育及自考学生6900余人，我国港澳台及外国留学生170余人。

1. 国际化发展进程

作为一所高职院校，深圳职业技术学院办学自主性相对较大，活力更强，在高等教育国际化进程中相继经历了来料加工—自主加工—培养高科技三步走战略，在国际关系中也经历了仰视阶段—平视阶段—选择性平视与俯视的过程。自建校以来，学校先后与国外及我国港台地区113所高校签订了校际合作协议，在教学、科研及师生交流等方面开展了广泛合作。学校还非常重视同境内外知名企业加深合作交流，引进国际化的人才培养标准。学校不断改革创新，坚持以特立校，逐步形成学校境外合作办学特色。

2. 引进来

（1）留学生情况。

目前该校留学和交流的学生主要来自韩国、俄罗斯、西班牙、美国、加拿大、德国、荷兰、法国、日本、哈萨克斯坦、菲律宾和巴基斯坦等国家，主要是对外汉语教学。学校通过校际的对等交流项目，招收部分国外学生来学校进行各种形式的学习，如专业课程的对等交流、语言课程的对等交流、夏令营的对等交流以及教师的对等交流等。在过去数年中，学校接纳了来自德国、韩国、日本、俄罗斯、菲律宾的数百名学生。

（2）培养方案与国际接轨。

在吸收国外最新高职教育理论成果的基础上，该校学习借鉴了德国、澳大利亚等国家高职人才培养的成功经验，积极引进国际先进的人才培养理念。一是树立全球性人才观念，以全球性眼光审视人才培养的标准、内容和机制，使培养的人才具有国际适应能力。二是树立人才流动性观念，始终坚持"走出去，请进来"的方针，加强人才的流动，在流动中提高人才培养的国际化水平。三是强化市场观念，面向深圳外向型产业，培养市场急需的高技能人才。四是强化竞争观念，培养学生的竞争意识以及较强的国际竞争力。按国际通用的技能型人才标准制定人才培养方案，学校通过与外向型企业合作和引进国际权威职业资格证书等途径，将国际通用的技能型人才标准和人才规格融入培养方案，初步实现了人才培养标准的国际化。

①与外向型企业合作，按国际化标准共同制定人才培养方案。如：学校港口与航运专业在参考澳大利亚职业培训的基础上，联合深圳港航企业，研制出适应"双通型"人才（国际、国内通用人才）培养要求的港航专业职业能力标准；检测技术及应用专业与香港物料研究化验有限公司合作制定专业人才培养方案，目前学校共有8个专业与外向型企业合作，按照国际化标准制定人才培养方案。

②引进国际权威职业资格证书，并将其融入人才培养方案。目前学校的18个专业共引进了63种国际权威职业资格证书。如：计算机网络技术专业

引进思科认证网络工程师（CCNA）及以上等级高级国际IT认证证书，并借助学校与思科公司共建的"思科网络学院"平台，将证书内容融入人才培养方案；楼宇智能化工程技术专业引进加拿大北方电信综合布线设计、施工认证工程师证书；汽车运用技术专业引进美国汽车维修资格认证协会的认证体系；外语类专业引进英国国家职业技能评估标准（NVQ），并用于课程开发、课堂教学和教学评估中，确立了"以实践为核心，以英语为主线，以商务为背景"的国际化人才培养方案。

（3）实现教学内容与国际接轨。

学校对国外留学生主要进行学历教育、职业技能培训和汉语语言培训。为了使来华留学生获得国际化教育，学校深化教学内容改革，打破教学内容的地域观念，构建科学合理的、与国际接轨的课程体系和教学内容。

一是将国际型企业的先进技术标准引入课程。如：印刷技术专业按德国海德堡公司印前、印中、印后的生产流程设置课程体系，按照企业岗位技能和职业能力设计课程内容，共同开发了印刷色彩、数字印前技术、印刷工艺、印前综合训练、胶印机操作等专业课程；珠宝首饰工艺及鉴定专业将美国宝石学院（GIA）和国家《钻石分级》标准作为课程体系的主要内容。

二是引进与开发国际通用教材，教材内容紧跟国际前沿。如：引进牛津大学、剑桥大学等国际一流大学的《护理英语》《会计英语》《汽车英语》《商务英语》等最新原版职业英语教材；外语学院开发的《希望英语》教材被韩国购买版权。学校个性化的校本课程为学生提供最合适的职业教育。

三是实行双语教学，提高学生外语应用能力。目前，网络互联技术（英语）、专业项目实训（日语）、首饰英语、楼宇智能化工程技术等25门课程采用双语教学；与北悉尼技术与继续教育学院合作开办的国际商务（中澳合作）专业实现了全英文授课。

（4）加强师资队伍建设。

该校在引进国际学生与国际化的人才培养标准的同时，也在促进教师队伍国际化，接受国际化课程培训，提高本校教师国际化教学水平。在教师职业成长中，学校积极为教师提供出席国际会议的机会，为教师搭建自身能力提升与国际交流合作的沟通平台，从而开阔眼界，提高教师的国际参与意识。

3. 走出去

学校重视对外合作办学，与英国、日本、澳大利亚、韩国、美国及我国港台地区等113所高校签订了校际合作协议，并与它们开展学生对等交流。

深圳职业技术学院把学生毕业后继续深造作为一项重要工作，把学生的留学工作作为国际教育部工作的重中之重。该校从 1997 年起，先后与英国胡佛汉顿大学和澳大利亚巴拉瑞特大学建立了合作关系，为毕业生开辟了赴英国、澳大利亚留学深造的渠道。近年来，该校又与美国西雅图城市大学订立合作协议，为学生开辟了前往美国留学的通道。迄今为止，推荐赴英国、澳大利亚留学的人数达 700 人，其中近半数的学生已经获得或正在攻读硕士或博士学位。

为了方便在校学生的出国申请，该校国际教育部为学生提供咨询、指导、资料翻译、申请入学通知书、代办签证等全程留学服务。在服务过程中，国际教育部工作细致，严格把关，签证成功率非常高。无论是送签英国还是澳大利亚或俄罗斯，该校签证的通过率几乎 100%。

4. 合作办学

在联合办学中，学校与美国、英国、澳大利亚、新西兰地区的不同高校先后开展了"3+1""2+2"形式的联合办学。目前与英国胡佛汉顿大学、澳大利亚巴拉瑞特大学的所有专业，澳大利亚埃迪斯科文大学的动画、传媒、建筑和工程等专业，新西兰国立理工学院的汽车专业，英国曼彻斯特城市大学的服装设计和酒店管理专业，英国坎布里亚大学医护专业开设的"3+1"开展了合作办学。学生在学校读完大专三年后到国外学校学习一年或一年半专升本课程取得本科学士学位。学校与美国西雅图城市大学在外语、经管、电信专业开展"2+2"合作办学，即学生读完大专两年后到国外学校学习两年专升本课程取得本科学士学位。

5. 经验与挑战

（1）经验。

①自上而下的国际化理念。

学校领导对于高等教育国际化的重视程度决定高等教育国际化发展的程度，领导对于国际化的认识程度决定国际化开展的效果。在学校的办学目标设计中，该校领导坚持两个思想原则：第一就是针对高职院校的国家化，要与普通大学区别开，不能用同一把尺子衡量，要找寻高职院校发展的立足点；第二是在寻求国际合作伙伴关系中坚持"没有最好只有最合适"的观念，根据实际情况组织交流合作。

②权职合一的机构设置。

目前国内高校针对高等教育国际化都开设了国际交流学院或者交流部等类似机构，部分学校的国际交流学院挂靠其他学院，行使接待办职能，未能明确工作职能，缺乏职能思考的办事处，只能将服务流于形式，必然达不到服务效果。部分国际交流学院独立设置,却承担教学职能,将教学行政模糊化,既不能够真正做好沟通联系中外合作项目,又不能承担教学管理职能。在深圳职业技术学院,国际教育部的设立就是为学生的留学提供全程服务,方便学生海外留学申请工作的开展,达到权职合一。

(2)挑战。

①语言问题。

目前语言问题是进行交流合作与课程引入的障碍,许多外籍学生来华进行专业学习受到语言障碍的困扰,成为高职院校进行海外招生的一大障碍。

②可持续发展的对策。

在国际化初步阶段,大多数高校都在思考如何引进、如何签约。但在国际化发展到一定阶段后,高校需要思考如何保持长久关系,如何拓宽合作层次的问题。

二、深圳市高等教育国际化对策分析

经过30多年的发展,目前,深圳已有全日制高校10所(其中市属高校3所,分别为深圳大学、深圳职业技术学院、深圳信息职业技术学院,大学城内引进高校3所——清华大学、北京大学、哈尔滨工业大学3所研究生院,民办高校1所——深圳新安职业技术学院,全日制高校二级学院1所——暨南大学深圳旅游学院,教育部批准新建高校1所——南方科技大学,香港地区合作学院1所——香港中文大学深圳学院),已招生及正在筹建的以中外名校合作办学为特色的学院已有9所,整体国际化水平比较高。在这个发展过程中,政府起到了重要作用。

(一)加强政府政策方针上的引导作用

《国家中长期教育改革和发展规划纲要(2010—2020年)》提出要促进高等教育国际化。广东省政府在《关于引进世界知名大学来粤合作举办独立设置高等学校的意见》中提出,2013—2014年,省财政每年安排2亿元专项资金,对引进世界知名大学来粤合作举办的独立设置高校给予资助。符合条件的合作院校,经评估核准,安排建设补助经费2亿元,以后年度的扶持政策,视具体实施情况另行研究。深圳市政府根据国家和省政府的规划和意见,按照"引领作用的研究型大学集群、适应高端需求的高水平院校集群、满足基本需求的城市高校集群"构建高校体系结构,做好顶层设计,反映在2011年深圳市颁布的《深圳市中长期教育改革和发展规划纲要(2011—2020年)》上,尤其在推进高等教育国际化发展方面的举措更是具有创新性,明确提出建立特色学院的设想。深圳市政府成立"深圳市特色学院建设领导小组",负责指导、评审认定、绩效评价特色学院的建设与开展情况,发挥引导、推动与监督职能。特色学院采取理事会领导下的校长（院长）负责制。不同类型的高校的国际化也有很大差异。这些差异与机构的使命、传统和文化以及其他内部因素密切相关。政府在进行高等教育的体系建设中,区分不同高校的功能使命和发展目标,有很好的定位设计。政府明确了在高等教育发展中的责任,政府既是投资主体又是举办者。

（二）突出特色学院作用

创办特色学院是深圳高等教育国际化的重大举措,也是一大亮点。

（1）特色学院的性质。

深圳特色学院是境内外著名高校与科研机构或企业强强联合举办的为深圳特定产业或者领域发展服务的,从事高等教育、科学研究和实践运用的教育机构,主要开展本科、研究生学历教育,非常注重与业内龙头企业开展全方位、多层次、多功能的深度合作,直接参与科技成果转化,促进产学研用发展。境内外高校或研究机构强强联合落户深圳,培养高端实用的社会实用型人才,既符合深圳完成产业经济转型后的人力资源需求,又能促进国际性、创新性的产业升级,是一个非常有效地推动深圳高等教育国际化发展及带动经济转型升级的创举。

（2）特色学院办学模式与建设原则。

特色学院办学模式以中外合作为主,充分吸收境内外一流高校的成功经验,在学科设置、教学安排、评价体系等方面与国际前沿接轨。特色学院建设以高端人才培养为主题,以改革创新为动力,坚持质量优先。

特色学院建设遵循三个基本原则。一是突出需求导向,学科专业设置与人才培养、经济社会发展及市场需求相匹配。二是突出专业导向,按照"小而精"的原则,坚持特色化、专业化发展。三是突出开放性导向,引进境内外一流高等教育资源。吸引国际一流人才,借鉴国际先进教学与管理经验,坚持开放式、国际化办学。

（3）重点领域与办学单位。

"十二五"期间,该市重点在生物、互联网、新能源、新材料、文化创意、新一代信息技术等战略性新兴产业和医疗卫生、环境保护、金融、艺术等领域建设若干所特色学院。特色学院的参与方为境内外具有较高知名度和较强实力的高校、科研机构和企业。参与合作的境内大学原则上应居全国综合排名前30名或专业排名前5名,境外大学原则上应居全球综合排名前100名或者专业排名前20名。在此基础上,该市积极支持依托深圳现有高校、科研院所和企业建设特色学院。

（4）支持政策。

"十二五"期间，根据特色学院建设进度和需要，深圳市政府每年安排不少于10亿元的资助经费，主要用于重点支持领域特色学院的建设和发展。此外还增加相关办学经费补贴和办学场地建设支持。

在支持人才队伍建设上，特色学院引进的高端人才适用深圳市引进高端人才政策。经认定符合深圳市"1+6"政策、"孔雀计划"等规定的高层次人才，可相应享受住房、配偶就业、子女入学、学术研修津贴等优惠政策。其实，深圳市政府关于"鹏城学者计划"《深圳市中长期教育改革和发展规划纲要（2011—2020年）》都明确表述了关于人才引进的鼓励政策。深圳市政府特设专项经费管理办法等加强机制管理工作。政策性的支持与资金投入成为吸引国外学者来深的条件之一。此外，实验室与公共技术平台建设、技术创新、出国转化产业化等方面还有资助与配套资金扶持。

目前，特色学院有深圳北理莫斯科大学、清华伯克利深圳学院、深圳吉大昆士兰大学、深圳国际太空科技学院、湖南大学罗切斯特设计学院（深圳）、深圳墨尔本生命健康工程学院、深圳大学光启新材料特色学院、华大基因学院等。

（三）政府牵头搭建平台发挥桥梁作用

在2014年的国际大学校长研讨会上，各国校长在"深圳共识"中对于中外合作办学的积极意义、内涵发展与质量发展的期望达成了共识，有利于深圳高校国际合作交流活动的开展。依托深圳市的国际友好城市，深圳国际友好城市大学联盟成立，为成员大学搭建教育、科技、文化交流、合作和分享的平台，利用和发挥成员大学的优势，促进资源互惠共享，实现优势互补，共同推动高等教育国际化的可持续发展。在中外办学中，深圳市教育局作为外国办学者与教育部之间沟通的桥梁，积极促进办学审批进度的落实，充分体现出深圳市政府办学意向的积极性，这是在政策支持与资金支持以外的人文关怀。

（四）利用区域文化特征构建教育国际化氛围

芝加哥学派认为：城市是一个有机体，它是生态、经济、文化三种基本过程的综合产物，是人类文明的自然生息地。城市是人生活的载体，它由人创造、传承与丰富，也吸引着更多人的到来。区域高等教育国际化发展离不开区域的人文情怀以及国际化的氛围。深圳市政府充分利用了天时、地利、人和。

天时——人才急需。在全球化的经济发展背景下国内市场急需转型，与内陆城市相比，深圳地区的转型更多借助于人才的转型。当前深圳的高新技术产业、金融业、物流产业、文化产业已经成为深圳经济发展的支柱产业，对于高素质人才的需求更具紧迫性，需要高水平大学和产业的协同发展。现代产业结构优化升级，特别是深圳高度的城市化发展强烈要求高等教育为城市自主创新能力和服务社会水平全面提升提供有力支撑，在城市高水平发展的经济为高等教育提供强大的支持动力的同时，高等教育的发展也成为城市社会经济发展新的增长点。两者之间的纽带就在于培养具有国际化素养与能力的人才。

地利——移民城市。作为一个新型移民城市，深圳最大的人力资源来源于外来移民，这是一座人才聚集和储备的"智库"。这个年轻的城市吸引众多有志青年远离家乡前来创业，培育了华为、中兴、平安、招商银行、腾讯等一批具有国际竞争力的知名跨国企业。这里不仅拥有全国31个省、自治区、直辖市的移民，还有亚洲、非洲、美洲、大洋洲、欧洲世界五大洲的移民，在国外移民中，高层管理人员、技术人员、外教、翻译等从业人员居多。诚如芝加哥学派城市社会学领军人物帕克所言：大城市从来就是各种民族各种文化相互混合、相互作用的大熔炉。城市就是这种生动的、潜移默化的、相互作用的中心；新的种族、新的文化、新的社会形态就从这些相互作用中产生出来。这就是城市社会新陈代谢的观点。城市环境的最终产物表现为被它培养出的多种新型人格。拥有与香港水陆相交的地理优势，深圳成为中外经济、政治、文化的交汇点。历经30多年岁月的洗礼和打磨，深圳窗口特色已形成规模，做成品牌。品牌效应的推动更有利于深圳在高等教育国际化交流发展的平台中获得可利用的资源，教育的国际化又加强了深圳在世界舞台的实力与声音。

人和——自由的学术氛围。作为一座现代、青春的开放城市，深圳的人文素养拥有较高的起点，并且没有传统文化的束缚，有利于独立、自由的学术氛围的形成，研究问题、研究方法、学术平台、人才建设等既有深圳特色又可以保持开放性，这为人才引进形成了积极效应。

在深圳市政府牵头进行的高校国际交流过程中，深圳倡导与"最开放的城市和最优秀的大学合作、培养最高层次的人才"的理念，理念本身就是一个极具感召力的口号，具有无穷的魅力，更是深圳市发展的宝贵财富。

第四节 河南高等教育国际化现状与对策

为发展中原经济区培养具有国际视野、国际观念、国际知识、国际竞争力的复合型人才,同时也让河南走向世界,让更多的人了解中原文化,提升河南的国际影响力,是河南省高等教育的重要任务。高等教育国际化就是将本国、本地区的高等教育工作放在跨国界、跨民族、跨文化的国际大背景下,不断开放、交流的发展过程及其成果,是各国、各地区高等教育和科学、技术、文化自身发展、自我完善的需要。河南地处内陆,高等教育发展水平在全国处于中下游地位,要充分发挥高校在中原经济区建设中的作用,促进河南省高等教育的可持续发展,高等教育必须走国际化发展的道路,做到国际资源共享,使其成为培养具有国际竞争力复合型人才的教育中心。

一、河南高等教育国际化的现状

(一)高等教育国际化起步较晚

大量国际高等教育机构通过中外合作办学等形式与国内高校竞争高等教育市场。据报道,近十年中,全国有 25 万人自费出国留学,其学费及生活费等对外资金输入相当于教育的进口,当然也是我们自身高等教育国际化市场薄弱的显证。在外的留学人员学成不回国,是二次损失,而其中即使回归的人才回到河南服务河南经济发展的更是少之又少。在教育国际化进程中,河南高等教育的竞争环境正随着高等教育国际化进程的加快而不断恶化。

(二)高等教育国际化、本土化发展不足

高等教育国际化就是一把双刃剑,一方面将国外先进知识、教育理念和办学思想引入国内,另一方面又不得不让本国传统教育受到外来理念和文化的冲击。事实上,高等教育国际化和本土化二者既相互依存又相互矛盾,既有共同目标又有各自特色。如果能将二者有机结合,以高等教育本土化为基础,同时对外来教育吸收、整合,相信高等教育国际化也会实现中外双赢。

(三)缺少国际化教育人才

人才外流是导致国际化人才短缺的主要因素。目前人才流动的主体是从发展中国家流向发达国家。发达国家因为拥有良好的生活学习环境和科研待遇,吸引着大批发展中国家的优秀人才不断加入。据调查,其他国家的工程学和自然科学的精英学生在美国的滞留率高达 75%。这一方面表明培养国的高质量人才流失,另一方面也表明培养国大量基础教育投入的零回

报。河南在人才流失问题上面临的形势尤其严峻，因为河南的人才储备本来就不多，学成归国的人很少。而在信息时代的今天，人才流失意味着教育资源的流失和经济实力的削弱，影响河南的教育国际化竞争力和经济发展水平。

二、河南高等教育国际化的对策分析

（一）加强河南高等教育的国际交流

国际交流为学校开展国内外的合作提供了广阔的空间。河南高校应充分利用国家对河南有利的一些规划和外国对全球开放的教育资源，通过多种渠道和方式，加强国际的学术交流与合作，充分利用国外的优质教育资源，扩大国外学生来河南留学的人数和规模，实现"请进来和走出去"，从而推动河南的国际学术交流、学生交流和教师交流。同时积极采用世界最新教育资源和研究成果来培育本省人才，让人才主动与外界交流沟通，使其具有国际化的知识背景和竞争意识，具备较强的国际适应能力和环境承受能力，以适应河南经济走向全国乃至国际化对高级人才的需求。

（二）强化河南教育国际化的理念

高等教育作为反映一国社会、经济、科技、文化的窗口，其国际化发展道路是经济全球化和社会发展的必然结果，这一先导性服务产业既能推动本国的社会发展和经济建设，又能通过国际学术交流与合作推动世界文明的进步。河南高等教育需要主动适应并利用这个规律来发展自己。尽快实现河南高等教育国际化，才能盘活河南现有的教育市场和教育资源，加快河南教育事业和经济建设的发展。同时，适当放宽外国留学生管理制度，鼓励相关大学直接到国外宣传以扩大招生，吸引更多的外国留学生来河南学习，为河南的经济发展提供知识、人才和技术等方面的支撑。

（三）积极参与国际教育市场竞争

目前，衡量高等教育国际化程度的重要指标之一就是留学生教育及其规模。因此，当大量河南学子走向海外之时，我们更要有信心和实力去赢得国际化教育竞争中属于河南的市场份额。要主动扩大招收来自其他国家的留学生来河南学习和就业的规模，同时适当尝试在国外与当地机构合作办学，就地招生和教育，推广河南教育资源。目前有相当数量的留学生在河南高校就读，他们来自世界上多个国家和地区，河南高校可以利用现有留学生的辐射功能，吸引更多的留学生来河南。一方面，可以使河南各高校自身获得更多的教育经费，另一方面，还可以从留学生那里了解到更多国外办学的经验和模式，从而为我们所借鉴和利用。

综上，河南高等教育国际化是一个循序渐进发展的过程，必须始终立足于河南高等教育发展的实际，构建具有河南特色的高等教育体系，这样才能推进河南高等教育国际化保持持续健康的发展。

第五节 甘肃高等教育国际化现状与对策

高等教育国际化是近几年开始进入学校发展议题的，甘肃省高等教育水平与其他省、市相比较低。究其原因，主要是近些年全国在改革开放的势头下逐步开放，发展迅速，而甘肃省地处内陆，发展缓慢，与其他省、市的差距逐渐加大。国际化作为一个新的发展契机，如果得到充分重视与发展，将改变高等教育弱省的现状。甘肃省整体高等教育国际化的发展目前处于初级阶段，各高校在进行国际交流与合作的规模、方式及范围等方面都有很大差别。

一、甘肃省高等教育国际化发展现状

规章建制是对国际化方面重视程度的体现，甘肃省教育厅为落实国际化发展方针，按照"分工负责，归口管理"的工作方针，严格审批，严格管理。甘肃省鼓励省内高等教育机构单独设置国际合作与交流处（室），确保外事工作有领导担责，有机构把关，有人员负责。设立国际化专门机构管理与发展国际化是发展甘肃省高等教育国际化的重要保证与基础；国际化规章制度的出台，有利于保障国际化管理的有序进行；部门网站的设立与更新与招生和扩大影响息息相关。

（一）管理机制与机构现状

省内普通本科院校几乎全部设有国际合作与交流处，如甘肃农业大学国际交流与合作处、港澳台事务办公室、兰州理工大学国际合作处、兰州交通大学国际合作与交流处、兰州商学院国际交流与合作处、陇东学院外事处等，只有甘肃民族师范学院未设立专门的外事处（或国际交流合作处），而是将外事赋予在学校办公室的职责中。设立外事处的14所高校中，13所高校的外事处设立了专用网站，仅甘肃政法学院未设立网站，并且，学校门户网站中未涉及国际交流版面。在设立外事处的高校中，兰州大学的外事处是分工比较明确的，下设了涉外科、留学生科及接待科3个科室，各自负责不同的职责；西北师范大学国际合作交流处也下设了留学生管理科与外籍专家科；

兰州理工大学下设了留学生管理科、交流合作项目科、办公室综合工作三个工作部门。其他甘肃省高校外事处未设立下属科室，一般由不同的人员负责不同方面的事物。总体来讲，甘肃省 15 所本科院校国际化管理机构的设置情况还是较好的，5 所独立学院虽然有一定的国际交流活动，却没有设置国际交流活动的管理机制。

（二）规章政策现状

甘肃省各高校都能够在办学定位中突出强调国际化办学理念且在学校的战略规划中，国际化是重点考虑因素之一。省教育厅对国际化进程方面制定了全面的规定，先后出台了《甘肃省接受外国学生管理规定》《甘肃省外籍教师管理办法》《甘肃省美中友好志愿者项目管理办法》等。除了省里制定了国际交流规章，多数具有招生资格的高校也制定了交流合作及外籍教师、学生等的管理办法。

（三）高校师生的国际流动现状

1. 甘肃师生出国。

近些年，甘肃省积极促进争取师生出国留学项目。多年来，通过国家留学基金资助出国留学项目，特别是西部项目和与有关国家互换奖学金项目，甘肃省共选派 363 名教育、科研、医疗卫生单位的业务骨干赴国外留学，44 名在校大学生赴国外攻读学士、硕士学位，以团组方式分 3 批选派 40 名高校青年英语骨干教师赴国外短期研修；通过古巴政府单方奖学金项目，遴选 126 名高中毕业生赴古巴接受大学本科教育；通过新加坡政府奖学金项目，选派 48 名优秀初三毕业生赴新加坡学习。省内经批准的自费出国留学中介服务机构有 3 家。

甘肃省注重派出教师到国外知名院校和研究机构访问和进修，其中大部分为高校公派，有一小部分是通过教育部和国家留学基金委派出的研究学者和访问学者，出国教师以培训、研修居多。甘肃省高校教师出国进修与培训的主要途径是国家的西部人才培养项目，每年通过这一途径获得出国进修的高校教师占每年甘肃省出国进修、培训教师人数的大部分。

2. 留学生来甘肃留学。

近年来，甘肃省高校的来华留学生教育有所发展。来甘肃省留学的外国学生数量逐年增加，这与甘肃省积极扩大国际影响，扩大招收留学生规模密不可分。这不仅表现在甘肃留学生总体规模的扩大，还表现在来甘肃攻读本科、硕士学位的留学生比例有所增长，留学生的层次明显提高。甘肃留学生中奖学金留学生占主体，其余少数为自费留学生。从甘肃省的招收留学生的整体情况看，留学生主要集中在兰州大学、兰州交通大学、西北师范大学和兰州理工大学四所高校。这四所高校都有政府奖学金名额，兰州大学与西北师范大学还同时有一定的孔子学院奖学金名额。除了上述四所高校招收的留学生较多外，其他甘肃省高校留学生数量非常少，笔者通过询问各高校国际处后发现，甚至很多本科高校目前都没有招收留学生。

3. 外籍教师现状。

外籍来华教师可分为两种，一种是通过引智项目引进的研究人才，一种是执教的外籍教师，这类教师大多从事语言教学工作，大家通称为"外教"。

（1）引智项目。

甘肃省引智项目主要是"春晖计划"和"引进海外智力项目"。"春晖计划"是教育部为贯彻中央"支持留学，鼓励回国，来去自由"的留学工作方针而设立的一个以资助单程或双程国际旅费的方式，鼓励在外优秀留学人员短期回国服务的项目。甘肃省积极开展"引进海外智力项目"以来，在国家外专局、省外专局等有关部门的指导和支持下，引智项目逐年增多，特别是西北民族大学、甘肃农业大学等高校执行了"千人计划配套引智工程项目"等一大批高端项目，引进了大量资金、技术和人力资源，丰富了甘肃省高校与海外高校、科研院所和政府部门间的科研学术交流与合作，提升了科研、学术水平。

引智项目的开展最令人瞩目的应该是兰州大学的"高等学校学科创新引智计划"（简称"111计划"）。教育部、国家外国专家局为落实人才强国战略、推进高校自主创新能力的提高，于2005年9月正式启动了"111计划"。"111计划"是指从世界排名前100位的大学及研究机构的优势学科队伍中，引进、汇聚1000余名海外学术大师、学术骨干，配备一批国内优秀的科研骨干，形成高水平的研究队伍，建设100个左右世界一流的学科创新引智基地，努力创造具有国际影响的科技成果，提升学科的国际竞争力，提高高校的整体水平和国际地位。项目遴选范围为已进入国家"985工程"建设的高校和部分进入国家"211工程"建设的高校。因此，甘肃省开展这一计划的只有兰州大学一所高校，兰州大学有三个"111计划"创新引智基地。兰州大学三个创新引智基地中海外研究人员的比例是较高的，这三个科研基地在学术研究中的地位不容忽视，是极为重要的，在大学中建立引智科研基地是值得借鉴和推广的。

（2）外籍教师引进。

甘肃省近年来外籍教师的聘请渠道更为通畅，管理更为到位，数量持续增加。与一些境外机构和组织，如美中友好志愿者组织、英国诚信组织、爱德基金会等建立了比较好的联系和合作机制，争取到了许多免费的语言师资和培训、建设项目，一定程度上解决了学校资金短缺问题。许多教育机构积极通过校际友好关系等诸多渠道自主聘请外籍教师，开展语言教学、学术交流、课题研究、短期讲学等活动。总体来讲，甘肃省本科高校聘请外籍教师的情况还是较好的，基本上每所本科高校每年都聘请一定数量的外籍教师担任教学工作，他们不仅在课程与教学上丰富了甘肃省高等教育国际化的维度，同时也促进了中国与世界之间学术与文化的交流。相比本科院校，22所高职高专的学校网站公布的师资信息中仅有9所高职高专院校有关于聘请外籍教师的信息，平均每所学校2名。相比省属高职高专院校，仅有的1所民办普通高校——兰州外语职业学院公布，兰州外语职业学院聘请外国专家的数量居于全省民办高校前列，年均达到8名。他们为兰州外语职业学院的人才培养、新学科的建立、年轻教师的培训以及争取国外资助、联系教师出国做出了很大贡献。

（四）甘肃高校国际合作办学现状

由于我国经济的迅速崛起，尤其在中国加入世界贸易组织后，中外合作办学呈现加速发展之势，一些发达国家开始鼓励本国的教育机构和高校参与中国国际留学生市场的竞争。外方合作者主要来自经济发达、科技及教育先进的国际和地区。其中涉及初高中、职业学校、中等专科学校以及大学专本科层次与研究生层次。甘肃省高等教育的合作办学开展较早，却发展缓慢，甘肃省高校合作办学的方式主要有以下几种。

1. "N+N"模式合作办学

甘肃省依托省市际、校际友好合作关系，开展学生联合培养。兰州交通大学、兰州理工大学、甘肃农业大学和兰州商学院等高校与国外合作院校建立了比较稳定的合作办学关系，已成功选派多批学生赴外求学。学生培养质量较高，效果较为明显，在社会上产生了较好的影响。这种合作方式能够令学生亲身体验异国的文化与高等教育，全方位地感受不同地域、观念和生活方式带来的冲击，有效拓展他们的国际视野和培养多元文化的理解与交流能力。高校之间签订友好合作协议或结为友好合作伙伴，往往是进行实质性合作的必要铺垫。

孔子学院（Confucius Institute）是中外合作建立的非营利性教育机构，其最重要的工作就是给世界各地的汉语学习者提供规范、权威的现代汉语教材；提供最正规、最主要的汉语教学渠道。孔子学院的设立不仅对汉语的推广具有不可忽视的意义，更是国内高校教学水平的体现，提高了学校的知名度，因此，建立孔子学院是衡量一个省、一所学校合作办学进程的标准之一。兰州大学已合作建立2所孔子学院，分别是哈萨克斯坦国立民族大学孔子学院与乌兹别克斯坦塔什干孔子学院，另一所与美国德州理工大学合作的孔子学院双方已签署合作谅解备忘录。哈萨克斯坦国立民族大学孔子学院、乌兹别克斯坦塔什干孔子学院遵循孔子学院的办学宗旨，西北师范大学与摩尔多瓦自由国际大学和苏丹喀土穆大学合作设立的两所孔子学院挂牌成立。

兰州大学哈萨克斯坦国立民族大学孔子学院于2007年3月正式更名，其前身为2002年4月成立的哈萨克斯坦国立民族大学汉语中心，2005年纳入孔子学院系列。自其前身哈萨克斯坦国立民族大学汉语中心成立以来，就汇集了哈萨克斯坦各行各业的人士，目前已经成功地培养出500多位不同层次的汉语人才。该孔子学院除语言课程外还开设特色课程，如商务汉语、中国文化、中国书法、中国民乐欣赏、太极拳、中国武术、中国民俗、中国西北少数民族概况等。在汉语教学之余，学院还积极开展一系列丰富多彩的文化活动，这些活动都是围绕汉语和中国文化来开展的。此外，还与文化界以及一些科研院所等单位建立了友好关系，例如，与哈萨克斯坦民族乐器博物馆建立了友好关系、与哈萨克斯坦国立大学东方汉学教研室建立了友好合作关系。频繁的学术交流活动，扩大了学院在当地的知名度和影响力，使得来学院学习汉语的人数不断增加。同样成立于2005年的乌兹别克斯坦塔什干孔子学院还积极推荐汉语教师与高校学生到中国大学进修，热情接待了中国政协、中国国际关系研究院、中国教育部学位与研究生教育司、上海国际问题研究所、乌兹别克斯坦航空公司驻北京办事处等单位的代表来访。塔什干孔子学院既传播了语言文化，又传递着友谊。它的发展既是中乌两国友好发展的成果和见证，又是两国人民友好交流的桥梁和中介。在中国驻乌使馆、国家汉办、兰州大学、东方学院的支持和关心下，以及在学院全体师生的共同努力下，塔什干孔子学院取得了优异的成绩。

孔子学院不仅是专业的学习培训机构，还拥有面向社会开放、藏书丰富的图书馆，对增进世界各国（地区）人民对中国语言文化的了解，加强中国与世界各国教育文化的交流与合作，发展中国与外国的友好关系，促进世界多元文化发展，构建和谐世界都有重要作用。甘肃省虽然建成的孔子学院数量不多，但是已建成的孔子学院质量很高，其中兰州大学合作建立的塔什干孔子学院被国家汉办、孔子学院总部评为"2007年全球最佳孔子学院之一"。

2. 项目合作模式合作办学

甘肃省积极开展国际合作项目，并与美国、英国、俄国、加拿大、日本等国家的学术机构开展了合作研究或学术交流，并依托兰州理工大学建立了"甘肃省中俄科技合作暨技术转化中心"，这不仅可以拓宽研究人员的视野，提高学术水平，而且对于活跃高校学术氛围，弘扬学术精神，激发科学智慧，提升高校的学术品位具有奠基性的作用。甘肃省国际合作项目的开展以兰州大学最为突出。

兰州大学的国际合作项目以"985工程"基地/平台项目为主体，该项目能够进一步加强国际交流与合作，加快学校建设综合性、研究型、国内外知名的高水平大学办学目标的步伐，促进高校重点学科及相关领域的研究向世界一流水平迈进。学校自筹资金，作为对外交流专项经费，用于支持学校现有的8个"985工程"平台/基地的国际合作项目的交流与拓展。其中以"促进美大地区科研合作与高层次人才培养项目"和中美富布莱特项目两个子项目较为突出。

根据《2003—2007年教育振兴行动计划》精神，为配合教育部实施的"高层次创造性人才计划"和"高等学校科技创新计划"等工作重点，推动我国高校与国外富有实力的科研和教育机构建立长期、可持续的合作关系，教育部特设立"促进美大地区科研合作与高层次人才培养项目"。项目选定北京大学、复旦大学、兰州大学等24所高校，分别与美国加州大学系统、加拿大农业与农业食品部下属科研单位和澳大利亚联邦科工组织下属单位开展合作活动。

中美富布莱特项目的主要目的是发展中国大学的美国学研究。专家在中国精选的大学里教授一至两个学期关于美国研究及美国哲学、文学、法律、财政、公共管理、环境、公共卫生、传媒和新闻。根据中美教育交流协议，美方自1979年起每年通过富布莱特项目派遣美国学者来我国大学任教。1983年又设立了富布莱特短期讲座项目，以支持这些美国教授去其接待大学之外的中国大学讲座。美国驻华使馆承担受邀学者往返各高校之间的旅费。

其他本科高校国际合作项目也很多，详细信息查询较难，2012年成为本科院校的兰州工业学院在2011年作为专科院校原名兰州工业高等专科学校时开展的中国—斯洛文尼亚政府间科技合作项目取得了令人瞩目的发展。根据科技部《关于执行中国与斯洛文尼亚政府间科技合作项目的通知》精神，兰州工业高等专科学校电气工程系陈金鹏副教授主持的"开放流体光学流量计的研制"项目被列入中国与斯洛文尼亚政府双边政府间科技合作计划，项目外方单位为卢布尔雅那大学机械工程学院水机实验室。合作项目的开展对高校科研的开展具有十分重要的促进作用。

二、甘肃高等教育国际化的对策分析

随着研究的深入与社会的发展，我国国际化将会面临更多的挑战，针对新的挑战提出的新策略也将会陆续提出。因此，甘肃省加速高等教育国际化发展进程需要充分开发本省的优势，将甘肃省高校带上国际舞台，提升在全国的竞争力。针对甘肃省高等教育国际化存在的一系列问题，笔者从以下方面进行对策分析。

（一）加强高等教育国际化战略规划

虽然，近几年甘肃省在国际化发展方面取得了不可忽视的成就，但是其发展速度低于其他省市，国际化的深度更与高等教育强省（市）相差甚远，很多院校将国际化局限于访问交流，将国际化限于负责国际交流的部门负责，没有将国际化作为全校整体发展的一种战略实施。高校形成有效的国际化战略是提高教育质量的重要措施，这需要甘肃省高校能够依据自身的特色形成明确的定位。因此，要想卓有成效地推进国际化建设，从思想上提高对国际化的认识，加快高等教育国际化是前提。

重视国际化，就应该明确国际化为高校、为省市、为国家高等教育带来的巨大利益。没有正确的认识，就没有发展的积极性，就难以将国际化从个别部门推广至整个学校、整个省市甚至整个国家。与甘肃省高校国际化意识的淡薄形成鲜明对比的复旦大学，国际化发展程度高，国际化意识早，学校在2002年由校领导亲自挂帅，成立了复旦大学国际暨港澳台合作与交流委员会。复旦大学始终把国际化当作学习和借鉴国外先进科学技术、先进文化和先进管理经验的重要形式；当作加强学科建设、提高师资队伍教学水平和科研能力的重要途径；当作拓宽学生国际视野、锻炼学生国际交往能力、增强学生应对经济全球化挑战的能力的重要工具。进入21世纪的这些年来，复旦大学把国际化当作建设世界一流大学的抓手，制定了完整的国际化战略，并积极贯彻和实施这些战略，在推动国际化进程和国际化建设中做了巨大的努力，在教学、科研、学科建设以及行政管理等各个方面都获得了很多收获。值得一提的是，复旦大学所建构的国际化管理体系始终坚持以院校为主体，以教授为主角，以科学和科研为主线，以培养符合国际化要求的学生为目标，为学校的教学、科研和管理服务。

只有将高等教育国际化充分重视起来，对国际化即将带来的巨大利益与优势清楚认识，将国际化作为学校发展战略规划，才能将全校、全省的高校调动起来，积极、主动地发展国际化。不仅如此，对学校的国际化战略实施成效进行评估，及时总结经验和发现问题，以进一步完善学校的国际化战略，也是发展高等教育国际化不可忽视的环节。

（二）加强校园国际化资源建设

派遣教师与学生出国交流可以有效拓宽他们的国际视野并提升文化交流的能力，但这种机会比较昂贵，受益的人也有限。甘肃省高校的更多教师与学生需要利用校园内的资源来拓宽自己的国际视野与进行国际化的科研。因此，校园的国际化资源建设显得十分重要。国际化资源的建设应主要是支持国际化的先进设施，朱国斌教授在介绍香港城市大学国际化经验时曾提出，如今一所教育机构的国际化发展需要综合的硬件系统支撑，应包括在线图书馆、校园网和语言中心等，没有这些设施就不是完全意义上的国际化。

国际化资源的建设对国际化发展十分重要，是高校发展国家化的基础，政府和高校的投入都应该作为发展国际化资源的资金来源，适当地争取国内外组织及校友的资助对于经济不发达的甘肃省来讲也是尤为重要的。扩建图书馆外文资源、加强信息交流和情报网络期刊建设、完善语言文化交流环境等都是建设国际化资源的努力方向。同时，更要建立有效的评估监管机制，不仅要保证国际教学资源的进展与资费花销的合理性，更要保证创建好的资源能够让师生得到最大程度的共享。

（三）创造国际化的学习氛围

制定国际化发展战略、建设国际化资源设施等都主要取决于高校领导的决策与实施，但是国际化学习氛围的创造是一种涉及高校全体师生的措施，实施过程必然缓慢而艰辛。但是，学习氛围的国际化将是决定高校国际化进程的最根本的目标，国际化理念深入课堂，扎根于学校学习、科研的每个环节。创造国际化的学习氛围应主要从国际化课程、双语课堂、合作教学、学术讲座四方面着手。

第一，国际化课程能使学生在相关专业的学习上处于知识的前沿。经济全球化趋势的加强，科学技术的革新，使高等教育面临的知识更新速度加快，劳动力市场对大学生素质技能的要求比过去更高了。封闭的课程内容与学习方式已不能适应知识社会对于职业人才的需要。因此，国际化课程可以让学生在就业市场的竞争中占据有利位置，是高等教育国际化进程中必不可少的环节。

第二，双语课堂的引进与推广是极为重要的。随着中国教育融入全球，尤其是加入世界贸易组织之后，为了适应经济全球化的各类专门人才，课程国际化进入了真正实施的阶段，要继续突出一些具有国际特征与国际性倾向的学科专业，如"国际贸易""国际金融"等，主要表现在"双语课程"的设置与开发、师资队伍建设和学生外语能力训练等方面。从高等教育国际化目标来看，教育目标趋向国际化，集中表现为高等教育要培养懂外语，通晓别国文化并有国际眼光和国际竞争力的人才。高校应在传统课程中增加国际内容，开设注重国际主题的新课程，加强外语和区域研究课程的教学，使学生接受全方位的国际化教育。越来越多的高校加大开设双语课程的力度，拨出专项经费资助双语课程建设项目。南京大学组织各院系对 2000 多门专业课程与美国、德国、英国等 20 多个国家和地区 100 多所高校的 4000 余门相关课程做了系统比较，并在此基础上新增了 1000 多门课程，建设双语教学课程达 300 门，与南京大学 300 余门双语课程相比，甘肃省设立双语课程的进度应迅速加快。

第三，开发海外教学合作项目是甘肃省高等教育课程国际化最为缺失的部分。这种教学合作项目的教学质量优势大大超过双语课程等，不仅开阔了学生的眼界，更有效促进了科研、丰富了经验。香港城市大学的国际化教学活动形式呈现多样性，多方的合作计划模式令国际化教学的开展更为成熟有效，包括城市大学创意媒体学院与北京电影学院（BFA）和美国南加州大学电影艺术学院（SCA）首创了三方合作关系、城市大学法学院的"环球法域行"计划、工业培训计划及学分制大陆暑期班/学校等。其中工业培训计划不仅为年轻人提供了工作经验，使他们工作和生活在一个更加全球化、充满竞争且更独立的环境下，自从该项目从 2000 年开始以来，已经有 1500 多名学生从中受益。

第四，国际学术讲座的举办可以从一定程度上弥补双语课程、合作项目不足等问题。学术讲座、学术报告、名师座谈等形式的国际化活动不仅宣传了文化、开阔了学生眼界，同时也为国内师生与国外高校建立了一条纽带，促进相互了解，有利于深入合作交流。同兰州大学同样处于内陆的吉林大学，在近几年与横向部门联合策划的新项目中，成效比较突出的是"名家讲座"项目。开展"名家讲座"活动，是传播先进科学理念，激发学术思想的重要途径，也是发展多元化校园文化的有益补充。学校科技处、社科处、学生处等部门，组织设立了不同学科类别的外国专家"名师讲座"项目。吉林大学一些对外合作交流密切、学术气息浓厚的院系也纷纷设立了专题性系列学术讲座项目，如：吉林高等教育部人文社会科学重点研究基地——理论法学研究中心设立的"海外学者讲座"项目，迄今已经举办了 51 期专题学术讲座；经济学院、公共外语教育学院等也纷纷开设了独具专业特色的专题性系列讲座。吉林大学"名家讲座"举办的次数与频率都是甘肃省各高校需要借鉴的，当前省内的一些高校也开始着手利用这一形式发展国际化，如西北师范大学社会科学处举办"校庆110周年系列学术活动",从2012年3月8日到2012年6月5号,已举办51期,其中外国学者学术活动15场。国际学术讲座应该尽快得到高校的认可与重视,它不仅是一种国际化的课堂,同样也是引智工作的有利补充,深得学校师生的欢迎。

(四)加强国际化师资引进

对于国际化师资力量严重不足的甘肃来讲,外籍师资或引智计划根本满足不了现今国际化的发展,因此借鉴经验,多渠道的展开引智计划是当务之急。我国香港地区的部分大学国际化程度相当高,内地最高学府也较之逊色许多。1982年的《国际顾问团报告书》在评论香港的高等教育时,赞扬了香港大学、香港中文大学和两所理工大学的师资可与世界上任何一所顶尖大学相媲美。香港大学2002年的校内教师中,56%为本地学者,44%为境外人才,中文大学外籍教师也超过了30%。香港科技大学现职教师中,35%是从外国留学归来的香港人,25%是到过国外留学的内地人士,12%是到过国外留学的台湾人,他们全部拥有博士学位,或来自北美和欧亚的名校,或在著名的科技工业实验室里做过高层次的研究。当然,以甘肃省的高等教育发展的现状看,将香港大学、香港中文大学等国际化程度相当高的大学与之相比很不合适,但正因为这些大学的国际化程度高、国际排名靠前,就更应该成为对比的对象,这样才能更加突出师资力量对高校发展的重要性。

想要彻底改变人才短缺的现状,改革人事制度应该是最有效的措施。从这方面入手招收人才的高校并不多见,南京大学算是国内高校改革人事制度、全球招聘人才方面的先行者之一。实践证明,这种做法能够更好地吸引国际人才,促进科技创新。从2002年年底开始,南京大学取消了持续了二十多年的职称评审制度,按照全新的思路开展了教师高级职务岗位设置和面向校内外公开招聘的工作,将岗位聘任与人才国际化战略紧密结合,由此拉开了对国内高校具有重要影响的专业技术职务评审改革的序幕。截至2005年,南京大学引进的25位海外学者中包括来自牛津大学、斯坦福大学等名校的优秀研究人才。他们在学科建设方面发挥了巨大的作用,或提高了学科建设水平,或填补了学科建设空白,和国内人才共同构成了南京大学学术骨干队伍的主体。南京大学还建立"学科特区",实施国际化管理。"985工程"一期建设期间,南京大学在国际科技前沿领域着力选择少数几个突破口,在全国高校率先设立"学科特区",以形成局部优势,促进学科交叉和新学科成长。所谓"学科特区",是指将新兴学科对学科整体发展的影响力、在国际学术界的地位、持续发展的活力等作为衡量标准,从国内外引进优秀人才,突破现有的学科组织结构模式，遵循国际惯例，创立全新管理机制，采取特殊运作方式，在不太长的时间内形成突出优势。改革人事制度是从最根本上改变人才短缺的途径，也是最难进行的方法，因为我国高校的人事制度实施已久，已经根深蒂固，改革必然带来思想与利益上的冲突，有能力成功地从这方面进行改革的高校不多。

对于资金方面严重短缺的甘肃省高等教育，海外校友应该是最应该得到重视与运用的资源了，因为对母校的热爱往往能将人才引进回来。因此，应该建立和完善出国留学人员和海外校友信息库，并与他们保持经常性联络，关心他们在国外的学习和生活情况，定期向他们通报学校的情况。有条件的高校可以尝试建立"留学大使"制度，聘请出国留学人员和海外校友作为学校人才招聘和留学生招生的代表，帮助学校搜集当地专业人才信息和留学生生源信息，为学校引进高层次人才和招收留学生提供信息和咨询。建立海外校友信息库，吸引海外学者回校工作是每个高校都应该实施的引智项目。

总之，学校应该制定灵活、操作性强的人才引进和智力引进政策，积极争取教育部的"聘请世界著名学者""春晖计划"等各项引智项目，并给予经费配套支持，同时，应该通过各种渠道争取校友和企业家对引才、引智工作的大力支持。人才的引进对促进学校学科发展和人才培养，提高教学质量和科研水平，提高在国内外的学术地位和国际竞争力，推动建立创新型大学和创建世界一流大学都将发挥巨大的促进作用，是不可忽视的方面。

（五）加强留学生招生与管理制度

甘肃省留学生的招收目前基本靠政府奖学金和孔子学院教学金进行支撑，自费留学生数量极少，这与甘肃省地理位置和高等教育水平密切相关，但仍有一定的招生优势。总体来讲，甘肃省应提高优势学科吸引力，选择优势学科重点扶持，提高国际知名度。

首先，应该保持历史优势。继续延续理学学科的历史优势，扩大数学、物理学、化学、地理学、大气科学、地质学、生物学、力学、材料物理与化学、微电子学与固体电子学、粒子物理与原子核物理、有机化学、植物学、生态学、固体力学、大气物理学与大气环境、地质工程、环境科学、心理学、基础数学、原子与分子物理、自然地理学、人文地理学、生态学、统计学等优势明显的理学学科的国际影响力，使之成为甘肃省招收国际人才的优势。

其次，要展现文化、地理优势。甘肃省的宗教学、历史文献学（敦煌学）、陇右文化、格萨尔学、河西历史与文化等都是甘肃省特色鲜明、优势明显的专业，如着力宣传，必将吸引大批中国西部文化研究的爱好者到甘肃省留学进修。同时还有许多甘肃省国家级特色专业，以及具有地区特色的专业，如定西师范高等专科学校的马铃薯工程技术等，这些都应成为甘肃省发展国际化的优势学科。

最后，要积极开拓新形式，扩大留学生的招收工作。本土高校课堂教育仍是我国留学生教育的主要表现形式，"奖学金制度、媒介招生宣传、海外教育展"仍是我国扩大留学生规模的主要手段。但是，当前甘肃省未能拓展思路，深入挖掘适合国情的留学生联动项目；留学生远程教育技术及资源未得到深入开发；相关质量鉴定规则、质量监控操作体制、教学双向交互信息体系等建设亦缺失。如上海大学注重建设专业的海外交流信息化管理平台，以此来实现海外优质资源信息化共享和项目管理网络化，以此推进学校传统教育教学方式的改革。

对于招收留学生的素质方面应该有一个较合理的评估平台，仍然极有必要由教育主管部门开发统一考试，集中命题以考察自费留学生。因此，主管部门要搞好调研，把握好命题尺度。因为这项考试能否发挥作用，关键在于能否得到各高校的认可，即各高校是否愿意把它作为标准来进行录取操作。只有保证留学生的质量才能形成留学生招收的可持续发展。对已经招收到的留学生应该妥善管理，展现学校的教学水平，并积极促进与本校师生的交流。留学生的管理，对创设高校的国际氛围具有十分重要的作用，受学校委派，2011年4月17日至23日，由兰州交通大学国际交流处同教务处等单位组成的留学生本科教育调研小组分别赴复旦大学、同济大学、东华大学、东南大学、西安电子科技大学和西安交通大学深入调研留学生本科教育以及留学生在教学与管理等方面的问题，这种积极调研、借鉴的精神值得各高校学习。

留学生管理的改革应从两个方面着手，一方面，应改革留学生与本土学生分开居住、分开授课、分开管理的规定，这样大大阻碍了留学生与本土学生日常交流的机会。共同生活、学习可以让留学生与本国学生在生活文化上的了解更加流畅与自然，有利于增进留学生与本土学生的友谊。同时，留学生可以充分了解中国的文化与中国高校学生的观点，本土学生也可以感受外来文化的冲击与考验，这样的交流有助于学生语言能力的培养。另一方面，适当地举行"国际文化节""国际友谊交流"等活动也是十分必要的，这不仅增进了留学生与本土学生的友谊，更为师生的交流提供了一个平台，留学生与本土学生都获得展示自己的机会。从此，将国际化深入学生中间，扩展到整个校园，使国际化真正融入师生的日常生活中。

(六)拓宽资金募集的渠道

资金短缺是甘肃省高等教育发展的根本障碍,同时也严重阻碍了高等教育国际化的发展。单纯依靠政府的投资与救助已经不能满足发展的需要,多渠道的募集资金、捐助才是解决资金短缺问题见效显著的途径。其实,就中国高等教育整体环境来讲,这一方法也是解决资金问题的有力手段,并且对高等教育的发展作用巨大。20世纪90年代以来,中国与国际组织之间开展了广泛合作,还参与了一系列民间非政府教育组织的合作,在教育制度、课程教学、教师与学校管理以及教育研究等方面全方位、多领域开展了广泛交流,在改变教育观念、培养教育国际化人才与提高教育硬件设备技术方面,发挥了重要作用。在与国际组织的合作与交流中,提升了中国参与国际教育合作交流的能力,在开放合作中提高了中国在国际教育舞台中的地位。

募集资金、捐助促进高校发展不仅局限于高等教育落后的地区及国际化程度低的高校,这已经成为各国高校发展的必然选择,香港城市大学就是通过多渠道筹募资金推动国际往来的。香港城市大学不断努力寻求政府和私人的捐助资金以支持其学术人员的交流活动。成功事例之一就是王宽诚教育基金,这一基金同样也使很多中国内地大学受益。香港城市大学同样受益于各种基金在人员发展、科研、奖学金和国际交换项目上的资助。这些基金包括富布莱特香港奖学金、裘搓基金会奖学金/裘搓资深研究员奖、洪堡研究奖学金、日本国际交流捐助金/奖学金、德意志学术交流奖学金、澳大利亚—中国访问奖学金、以色列博士后研究奖学金、奥地利国际奖学金、南亚高等教育研究联合会奖学金,等等。

第六章 我国高等教育国际化发展的挑战与对策

教育是一项全局性、战略性和基础性工程。因此，我们还必须从经济建设全局的高度来分析加入WTO对教育所提出的挑战。我国的经济结构调整不仅要从我国现代化本身的需要出发，而且要面对入世后世界范围内的激烈竞争。在经济全球化的环境中，有比较优势的行业在入世后将获得新的发展机遇，而那些竞争力不强的行业则将面临巨大挑战。国际竞争的加剧和经济及产业结构的调整变化无疑将对人才提出新的需求。由此可见，加入WTO将使我国教育面临新的情况，对我国教育既带来挑战，又带来机遇。全面、科学地分析机遇与挑战，及时制定正确的对策，才能抓住机遇，变挑战为动力，取得主动权，使利大于弊。

第一节 我国高等教育基本现状

中国教育事业在新中国建立之后的50年中走过的艰苦卓绝的伟大历史，向全世界展示了一个人口众多的发展中国家，怎样在其薄弱的经济基础和悠久的文明积淀之上营造现代教育系统，持续提高国民素质，为国家的繁荣与富强努力拼搏的精神。我国改革开放的总设计师邓小平同志早在1983年就敏锐地提出了"教育要面向现代化、面向世界、面向未来。"我国高等教育在改革开放、特别是在世界高等教育国际化趋势的推动下，出于自身发展的需要，开始面向世界发展，步入国际化的进程。我国的高等教育国际化既吸收了世界高等教育国际化的一些有益的经验，又形成了自己的特色。目前，我国高校与国外高校在互换留学生、专家学者互访、学术研究、合作办学等领域开展了广泛而深入的交流与合作。

一、对国际化认识不足

华夏文化在几千年的发展中基本上处于主体地位，在与周围少数民族的文化碰撞中，总趋势是华夏文化同化少数民族文化，并且在亚洲文化交流圈的文化教育交流中，中国对日本、朝鲜、越南等国家的文化辐射是主流，基本上是一种单方向的交流，使得"自我中心的意识、自我陶醉的情感、自我封闭的倾向构成了中国人独特的心理隔离机制"，使得中国文化内部潜伏着深刻的排他性和僵死性，较难吸收其他先进文化的精髓。近20年来，在改革开放的大潮中高等教育开始向国际化迈进，各类高校在国际化发展中也取得了显著成就，但总体上说，我国高校培养国际化人才的意识还不够强。

第一，对加入WTO后高等教育国际化的挑战认识不够。加入WTO后，我国经济的发展既存在着机遇，又面临着挑战。同样，我国高等教育国际化也必然既存在着机遇，又面临着挑战。高等教育市场将越来越开放。实际上，随着一些外资独资企业在我国的设立，与其相伴随的国外职业培训项目已经出现，甚至还创办了外资独资高等教育机构。因此，我国高等教育必须冷静思考，认清形势，把握机会，勇敢地面对国际化趋势的挑战。

第二，没有充分认识到知识经济时代、信息时代高等教育国际化的新特点。知识经济时代和信息时代，出现了许多新事物，如数字图书馆、电子信箱、虚拟大学、远程教育等。这些新事物给高等教育国际化带来了新的特点。如远程教育这种新的教育模式，能突破时空限制，采用数字化、多媒体的教学手段，具有开放性、交互性、集成性和及时性的特点，其信息量、覆盖面都是传统教育无法比拟的。对知识经济时代和信息时代的种种新事物，我们还没有很好地认可和接受。由此带给高等教育国际化的新特点，还没有很好地认识和理解。

二、国际化发展不平衡

我国经济发展的不平衡直接导致了高等教育，乃至整个教育发展的不平衡，即使是在同一地区高等教育的发展也是不平衡的，高等教育国际化发展也是如此。当前，我国高等教育国际化发展的不平衡主要表现在以下几个方面。

（一）地区性不平衡

全国各个地区之间存在着较大差异，如东部地区地理位置相对优越，较早开展对外开放，经济水平高，因而高等教育国际化进程较快。相比之下，中西部地区高等教育国际化进程较慢。

（二）院校之间不平衡

即使在同一地区内，由于不同高校之间存在着规模、隶属、学科设置等方面的不同，从而导致其国际化水平存在差距。总的来说，重点高校国际化水平高于普通院校，综合类大学高于专业类大学，教育部直属院校高于其他地方性院校。

（三）学科之间不平衡

同一所大学内的各学科之间的国际化水平也存在着差距。一般来讲，语言学科国际化进程较快，非语言学科较慢。另外，医学（中医）的国际化程度也较高。

三、中外交流不对称

全球化关注的是富人手中的财富、知识和权力，国际化也青睐发达国家的高等教育和高校。伴随整个高等教育国际化的不断扩大，出现了许多不对称的现象。招收留学生是美国高等教育国际化的最重要的内容之一，每年美国的大学接收大量来自世界各地的留学生，平均一年接收近45万名外国留学生，占到全球在非本国高校就读学生总数的34%。与美国以招收留学生为主的留学教育不同，中国是世界最大留学派出国之一，留学生教育的主要方式是派遣留学生。由于我国是发展中国家，经济和科技水平与世界发达国家差距很大，因此，我国的留学教育与我国的国情密切相关，其主要目的是学习外国先进的科学技术及优势学科，让学生通过在异国文化环境和社会氛围中的学习、生活与交流，养成尊重异国文化的心态，接受异国民族风格的熏陶，提高了解和研究国际问题的兴趣和适应国际环境的能力，造就熟知异国文化的国际性高层次人才。正是在这种留学观念的引导下，长期以来我国派出的留学生大大超过接收的留学生，形成一种非对称性。

发达国家在高等教育国际化中居于优势地位，有利于增强它们对发展中国家的文化渗透和影响能力，甚至有利于它们对人力资源的掠夺，使发展中国家的利益受损。当今世界高等教育的国际化，事实上也对发展中国家造成了很大的压力。所以，在参与高等教育国际化的进程中，我们要有必要的防范意识和准备，努力维护国家的利益和安全。

四、课程体系不合理

课程体系是人才培养的核心内容，是办好专业，实现培养目标，办出专业特色的基础。省属高校在教育国际化背景下的课程体系存在诸多问题，国际化人才的培养目标定位与课程体系设置不够合理，缺乏国际通用性知识和能力方面的培养体系；课程设置不合理，人才培养方案与现有的教学需求脱节现象非常普遍；课程体系不完善，很多高校从教学部门自身资源出发对专业课程进行设置，造成了不同的院校在课程设置上的随意和散乱；很多高校在课程设置的过程中混淆专业核心课与专业基础课之间的关系，以及必修课与选修课之间的关系；专业界定不明确，基础课程通通开设，但是核心专业课程数量非常少；缺乏实践课程，教学与实践没有紧密结合，缺乏学生涉外实践基地的建设，学生与涉外企事业单位的互动交流不够，能够锻炼学生的动手能力以及实务操作能力的课程太少，从而导致学生知识运用能力不足。

五、教学内容陈旧

现在大多数省属高校一些专业的教材陈旧落后，发展更新慢，不能适应高等教育国际化的步伐；教学内容多是以书本为主，学习内容的前沿性和知识的交叉性不足，学生的创造性和创新性培养不够，与社会实际需求相差较远；在实践教学环节，形式化现象严重，不利于学生在实践学习中的积极性、创造性的培养；在现行的对大学生的成绩考核方面，更偏重于结果，而不重视过程，不注重对学生个性化的培养和创新意识、创造思维的启发；教学手段落后，很多省属高校的教学方式陈旧，教学设备简陋，造成课堂教学途径单调，进一步加剧了教学手段的落后；当前省属高校的教学手段主要以课堂教育和基础理论知识教学为主，社会实践等校外实际操作非常欠缺，远远不能满足学生对自身发展的需求。

六、双语教学开展不够

双语教学是高等教育国际化的要求，是通往国际化的重要路径，也是国际化的必然结果。毋庸置疑，只有推进双语教学，扫除语言障碍，才能提高高等教育的国际化程度。目前我国省属高校的双语教学仍存在不少问题，在师资配置上，能开展双语教学的师资还很缺乏，大部分高校只提要求，不提投入，最终形成人浮于事的局面；双语教学课程开设的整体目标和思路不明确，双语教材匮乏；学生英语听说水平有些还达不到双语教学的要求。全英文教学作为双语教学的最高形式，是学生获得高水平英语交流能力和流利使用英语的最有效和最便捷的路径。但是，全英文教学在省属高校的普及度还很低，全英文教学效果不尽如人意的地方还很多，例如，教学目标尚不够明确，将全英文教学当成英语课，英语与专业难度的协调仍是问题，能胜任全英文教学的师资非常少。

第二节　我国在发展高等教育国际化中面临的挑战

生源的国际流动、跨国办学和教育资源共享将使我国教育市场面临被直接瓜分的危险，方兴未艾的各国国际教育展在我国的成功举办提前给我们传递了这一信息。

中国高等教育要不要国际化，实际上，邓小平同志在1983年关于"教育要面向现代化，面向世界，面向未来"的指示中，已经做了明确而肯定的回答。而且，近年来，中国经济的迅速发展和面临愈来愈激烈的国际竞争，中国为加入世界经济贸易组织和参与世界经济一体化进程的努力，中国国际地位的提高和越来越多国家期望中国在国际事务中发挥更积极的作用，包括改革开放前闭关锁国政策对高等教育负面影响的显现，如中年以上业务人员中掌握一门或一门以上语言交流工具的甚少，对本行业国际上通行的"游戏"规则知者不多，影响了中国在国际竞争和国际活动中的作用，都对中国高等教育国际化提出了紧迫的要求。中国要在世界经济一体化的大潮中取得主动，推进高等教育国际化进程，培养出一批又一批在国内外均具一定竞争力的人才，应当将发展高等教育作为一项战略目标和战略方针。

一、国际人才市场需求变化带来的挑战

中国实现高等教育国际化，同样面临一系列回避不了的挑战。由于经济发展和科技方面的差距及其他种种条件的限制，中国仍然需要派遣年轻学者到国外深造，取得学位；同时，又不得不在较长时间内面对人才流失的挑战。除少数重点大学外，普通高校的相当部分教师的业务水平，尤其是外语和对国外的了解，同发达国家相比，差距甚大，还需要相当时间的充实和提高。中国高校信息网络建设正不断取得进展，但要普及到教员与学生，开发其潜力为促进高等教育国际化服务，还有大量工作要做。中国高校大部分的学术期刊要走向国际，成为本领域国际学术争鸣的阵地之一，也需要时日。国际教育交流需要一定的资金支持，这对经费拮据的中国高校来说，还不是短期能解决的问题。同时，如何把日渐增多的交流活动纳入促进高等教育国际化的轨道，针对不同层次、不同类别、不同地区的高校的实际情况，制定出目标明确、措施可行、效果可能较好的战略，仍有改进余地。高等教育国际化意味着高校更加开放，不同地区、国家和社会制度的文化、思想、观点，以及信息的交流、交汇将大量增加。高校师生和管理人员不仅要在这种交流、交汇中具备鉴别、鉴赏的能力，而且应当有信心承担起维护民族文化特征的责任。这既是挑战，又是在高等教育国际化进程中，也只有在这个进程中才

能实现的目标。

随着高等教育资源的增加,我国高中生进入大学的毛入学率也在提高。然而,量的增加无法取代质的提高。高等教育在国际上的竞争十分激烈,人才的质量决定了学校乃至国家的竞争力。在经济全球化的今天,各个国家的经济不可能孤立发展,这就要求人们应该更加了解其他国家的文化特点、历史背景、社会现实。也就是说,经济全球化需要一大批具有国际观念和意识、理解各国文化传统、通晓国际经济贸易、适应国外工作和生活环境、促进整个人类和平且健康发展的"国际人"。因此,担负未来全球社会建设重任的人,必须具有较高的专业知识和文化素养,不仅需要具有超越国境的视野,理解不同国家的文化和历史,更需要具有一种世界公民的气概,要能够与世界不同地域、有着不同历史文化背景的人们共同生存和生活,并具有辩证理解不同价值观的能力,而大学正是负有培养具有这种素质的人才的使命。

高等教育国际化为提高我国高等教育的现代化水平,拓宽我国高等教育的市场,促进我国高等教育体制的变革与创新等提供了有利条件。同时,对我国高校现行的办学体制、运行机制、专业结构、管理方式以及教育资源、教育目标价值取向等方面形成了挑战。因此,如何把握教育思想、教育制度、教育内容和教育价值取向等内容的国际化程度,如何重新定位大学办学,是当代大学急需思考的问题。

随着人们接受高等教育需求的增加,高等教育面临着更加繁重的教育与研究任务。大学的主要任务是帮助每个学生发现自己的才能,为未来的就业做好准备,这就要求大学开设多样化、个性化的课程。大学需要更多的变革,一方面要继续促进基础知识的进步,另一方面还要促进技术的转让。信息技术的发展将促使大学间的竞争愈发激烈,目前我国的大学对优秀大学生尤其是年轻研究人员的吸引力要小于欧美等发达国家的大学。科学研究从来就具有国际性特征。同时,研究资金的筹措也促进了研究人员的国际化。现在,越来越多的国家联合为一些跨国的研究项目提供资金,就是为了在国际舞台上占据一席之地,各大学都要竭尽所能,显示自己具备进入全球网络的研究潜力。这种国际声望将帮助大学吸引最优秀的研究人员,甚至有助于提升该国的技术实力。因此,吸引和留住优秀人才已成为当代高等教育国际化的紧迫任务。

二、高等教育办学体制面临严峻挑战

高等教育国际化将使我国高校面临国际市场的竞争,这样各大学将面临生源和师资争夺、毕业生就业大战、教育质量和效益竞争,学生对教学内容、方法要求更高。而长期以来，我国计划经济体制条件下形成的高等教育实行"政府供给"制。高校在制定发展规划、调整办学思路、加强基础建设、推行改革举措时，主要依据的是"国家拨款情况"，也就是说，国家给多少钱，高校办多少事，"国家投入"成为高校办学的最大动力。因此，政府供给的多与少，直接关系或制约高等教育的规划、规模、结构、速度、质量和效益，这种体制在一定程度上造成了我国高等教育的"条块分割"，高校专业的重复设置、规模过小、效益太低的问题，以及国家包办高等教育的体制，造成高校缺乏内部约束机制、层次和类型不清、人才规格比较单一等诸多问题。随着市场经济的发展和市场机制的引进，我国高等教育有了一定的自主权，投资主体也出现多元化，但高校大多仍属"国有"，"政府供给"依然成为高校建设、发展与改革的重要来源。这远远不符合经济全球化对高等教育国际化的要求，甚至成了高等教育国际化的阻力。

三、传统的教育模式和人才培养目标面临严峻挑战

在经济全球化的形势下，社会的发展需要大批高层次的人才从事跨国工作，这就要求这些人才不仅要深入了解本国文化、继承中国传统文化，还要掌握世界各国的文化、历史、政治、经济的知识，同时还要具有与异国文化相沟通的语言能力、表达能力，通晓国际准则，具有国际观念等。而我国传统的教育模式走的是中考、高考、大学这一条所谓的精英模式，是以学习成绩为评价标准的应试教育模式。现在这种精英教育和人才培养目标体制禁锢了学生的思考和创新能力，培养的学生尽管有优秀的理论研究能力，但缺少创新精神。并且由于受出身、天赋等条件的限制，许多人才得不到良好教育。传统的教育模式和人才培养目标不能满足高等教育国际化发展的需要。随着教育国际化进程的推进，国外的教育机构必将把国际先进的教育模式带进来，形成对我国传统教育模式的冲击和挑战。

四、高校的教师队伍面临严峻挑战

（一）高校优秀人才流失的情况将更加严重

高等教育的国际化，首先是教育资源的国际化，尤其是人力资源的国际化。随着教育国际化的深入，一国的教育资源将更多地通过国际化市场机制予以配置，高校的人力资源和人力资本被国际共享，由此造成我国高校面临人才流失的困境。高等教育国际化是以经济全球化为背景的，在人才全球化流动的必然趋势下，教师由计划经济下的学校人变为社会人，学校与教师之

间的关系发生了根本的变化，教师拥有了更大的自主选择的空间，同时经济全球化和教育国际化加剧了国内外对高素质人才的竞争。教师队伍中的优秀分子作为社会中的精英，受国内外关注的程度可想而知。随着一批高技术含量、高回报职位的增加，教师队伍中的优秀分子作为重要的教育资源在一定时期内流向国外，成为国外教育机构乃至其他社会机构的"廉价"生产力是不言而喻的。而经济发展的不平衡性和差距又必然导致发展中国家优秀人才大量流向发达国家。

（二）教师的传统地位和权威受到挑战

加入WTO将进一步加快我国社会的现代化进程，信息技术和科学技术的进步使大量超文本的知识信息通过各种媒介充斥社会的各个场所，尤其是网络技术的发展将会大大拓宽一代人的学习与交往空间，这一变化将挑战学校与教师的功能与作用。学生待在家里或其他场所通过互联网就可以接收国内外的最新信息，甚至可以得到教师的亲自教诲和个别辅导。远程教育在逐渐完善和普及，教师显然已不是学生求学的唯一途径，教师的传播知识的地位将会发生改变。人才的全球流动和人才标准国际化以及接收信息途径的拓展和接收信息量的极大丰富使学生以一种新的甚至是挑剔的眼光来看待教师，对教师提出新的要求，对教师的评价标准将会发生重大改变，比如熟练地掌握外语和计算机可能是未来教师必备的基本条件。在新的政治经济形势下，如何更好地利用教师资源，如何建立高素质、高水平的教师队伍将成为社会各界尤其是教育界领导必须关注和思考的课题。

五、教育国际化带来的国家教育主权问题与挑战

教育主权涉及国家基本的政治文化经济利益，是每一个主权国家都必须坚决维护的基本权益。高等教育国际化要求各国逐步开放本国的高等教育市场，各种文化之间的碰撞与交融将进一步加快，尤其是现代网络技术的广泛应用，大学生接受各种思想文化的途径比以往更宽。形形色色的西方价值观、人生观会在高等教育国际化的推进中自由传播，民族文化的传承、学生的思想教育将面临新难题，学生素质教育将面临新形势，这些都会对我国高等教育的发展造成冲击。

教育资源短缺、投入严重不足是我国教育发展的一大问题。我国实行高等教育国际化后，西方国家会加大对我国的科研投资，或建立实验室，或直接资助科研项目。外资的引进弥补了高校科研经费的不足，加强了学校与企业的联合，但同时也利用了我国的人力资源，为其开发高技术产品，国家的

重点研究所在依赖海外科研资助的同时，可能逐步演变为西方跨国公司的"附属机构"，这必然会影响我国高等教育的主权与管理。

同时，学校从来是西方敌对势力对我国进行意识形态渗透，实现其西化、分化图谋的重要目标。随着加入WTO后教育开放度的加大，将有更多的西方教育机构进入我国，并带来其思想和文化影响。特别是一些带有明显意识形态目的的教育机构会趁机进入，教育领域维护社会主义意识形态，反对西化、分化的任务将更加艰巨。此外，在更加开放的条件下，在吸收国外先进文明成果的同时，保持和弘扬中华民族优秀文化传统也是我们的神圣职责。

第三节　我国高等教育国际化的外部环境机遇

经济全球化和我国加入WTO带来的巨大变化，为我国高等教育国际化的发展提供了新的机遇和渠道。我国的高等教育应当积极应对形势的这一变化，采取针对性的措施，促进我国高等教育国际化的发展，发挥我国高等教育在国民经济发展和对外文化科技交流中的重要作用，扩大我国教育的国际影响力和知名度。

一、加入WTO为教育国际化发展提供便利条件

（一）有利于优化教育资源

WTO中的服务贸易总协定第十三条中有关"教育服务"的条款规定，除政府完全资助的教育活动外，凡收取学费、带商业性的教育活动均属"教育服务"范畴，且明确规定所谓"教育服务"包括提供远程教育、提倡海外办学、鼓励出国留学和开展专业人才国际流动四项内容。也就是说，要发展我国高等教育事业，就必须与发达国家的高等教育接轨，主动参与高等教育市场竞争。加入WTO对我国的高等教育国际化提出了新的要求，同时又为我国高等教育国际化提供了良好的发展机遇。

加入WTO有利于吸引海外资金和优质教育资源，补充我国教育资源的不足，加快教育改革开放进程，促进教育事业的发展，缩小我国教育与发达国家的差距。教育资源可由多个层面构成，一是人力资源，包括教师、学生和管理人员；二是组织层面的资源，包括教育结构、课程结构、教育教学活动的组织方式等；三是物质层面的资源，包括资金、教材、教学和科研设备等；四是理念层面的资源，它是教育资源中最深层的部分，包括教育思想、教育观念、人才观等。通过参与经济全球化，参与竞争，在世界教育的环境中，我们才能更加清楚地找准差距，促使我们与时俱进，努力奋斗，尽快缩

小与发达国家的差距。合理地引进国外优质的教育资源，如品牌、课程体系、教师、教学方法、教学手段、管理模式、评估体系等和借助国外的教育经验，都是提高我国教育水准的有效途径。国际优质教育资源的流入有利于我国教育教学水平的提高。随着经济全球化和教育国际化进程的加快，教育资源在国内以及其他国家之间的流动更加广泛和频繁，现在出现的主要趋势是国外优秀的教育资源将不断流入我国。

（二）有利于新型人才的培养

入世后高质量人才的需求是多层次的、全方位的，而绝非仅局限于少量熟悉、掌握 WTO 谈判规则人才的培养，高素质人才资源的竞争压力将进一步增大。对教育最大的挑战莫过于如何更有效地开发和培养人的创新能力和综合运用信息的能力，扩大知识资本。未来人才需具备多种能力，劳动力资源也需在国内外市场上重新配置。国内外劳动力市场需要的是复合型人才，是具有国际交往能力和懂国际准则的人才。这种人才的培养，靠我们关起门来培养是难以做到的。

（三）有利于构建终身教育体系

加入 WTO 后，国有企业和民营企业面临的外部环境发生了很大变化，市场的约束力越来越明显。我国企业家、技术人员必须更新知识，建立与之相适应的继续教育、终身教育新体系。外国教育资源的进入，客观上可以满足我国社会经济发展和人民群众不断增长的教育多样化和多层次的需求。特别是国外大企业参与培训市场，将会促进中国教育与培训市场的发展与成熟，有利于我国终身教育体系的形成。

（三）有利于促进教育管理体制改革和制度创新

入世后政府的行政职能和行政程序要加以调整。入世后，政府对学校的管理要更多地体现服务功能，要调整和完善拨款机制、质量认证机制、评估机制；要积极发展和培育中介机构，在评估与拨款、质量认证等方面，让中介机构多发挥作用。加入 WTO 后，我国的办学体制也将进一步面向市场，办学主体更加多元化，我国要通过有序竞争，不断提高教育服务的水平和质量。随着经济全球化进程的推进，高等教育国际化进程将更加迅速。我国的高等教育应把实施全方位的国际化教育作为 21 世纪高校的核心使命之一，要把我国高等教育置身于经济全球化的大背景下，去改革和发展，也就是说我国高等教育要进入世界经济社会发展的大循环中去，要面向世界，面向国际大市场，增加经济全球化大背景下的知识，根据中国的实际国情，为中国高校的发展制定富有远见的策略，实现我国高等教育在国际上的新发展。

二、经济全球化发展加快教育国际化进程

（一）有利于教育观念的转变

教育国际化是我国高等教育观念的转变与提升的催化剂，它不仅会影响中国教育的外部形态和运作机制，更主要的是深刻地改变教育的既定观念，有力地突破中国高等教育的定式思维，带给中国教育一场深刻的思想变革。在传统理念里，我们一直将教育看作事业单位，缺乏充足的国际意识，缺乏世界范围的合作与竞争观念，仅仅满足于国内改革与发展的成就，长此以往必然导致与国际教育发展的脱钩。教育国际化将在教育领域引入新的竞争机制，推动我国教育改革的深化，使我国教育更适应社会主义市场经济的要求，顺应教育发展的世界潮流。转变落后的教育思想和观念，已经成为当前教育界的热点问题。高等教育国际化带来了世界先进的教育理念、教育思想，必然冲击我国传统的教育思想阵地，促使人们抛弃保守的、旧的思想观念，打破传统发展道路上的"禁区"。因此高等教育国际化给我们提供了一个全新的发展环境，促使我国高等教育更加开放，促使我们站在世界看中国，站在中国看世界。

（二）有利于引发外国对我国的教育需求

在教育国际化的进程中，中国与世界各国的联系将更为密切，在全球经济发展中的地位也将越来越重要，中国需要了解世界，世界同样需要了解中国。作为一个拥有 13 亿人口和经济快速增长的大国，中国孕育着巨大的消费市场，因而许多国家纷纷将目光投向中国。中国文化的古老、神秘、博大精深一直为世界各国人民所称道和向往，中国的传统学科和一些优势学科也有很大的吸引力。伴随着教育国际化，越来越多的他国的人民想了解中国，必将有更多的外国人来中国学习和研究中国文化，将给我们带来新的教育市场，尤其是汉语和双语人才培训和外方人员子女市场。2002 年 12 月 18 日在汉城市中心的乐天大饭店举行的第二次中国留学说明会表明，"中国热"正在韩国教育界蓬勃兴起。韩中教育开发院院长郑基东告诉记者，这次说明会先在釜山举行，有 600 多人参加，"学习汉语，留学中国"正在成为韩国的一股潮流。据韩国方面统计，目前在韩国各类学校学习中文的在校生有 13 万人。许多企业也办起了"汉语班"，以培养精通中国业务的人才。由民间创办的各种"中国语学院"更是门庭若市。在韩国中央政府机构，目前有 400 多名公务员正在学习汉语。韩国行政自治部教育培训科的事务官朴焕奇说，随着韩中两国交流的日益密切，公务员学习汉语的人数还将不断增加。

从当前我国经济实力和国内自费留学中介机构迅猛发展的现实可以看出，我国的出国留学生人数是飞速发展的，其中自费留学生的增速尤为惊人，几乎成倍增长。这表明，国外高等教育机构对我国的学生有很大吸引力。随着经济全球化进程的加快，海外高校将对我国高校在生源上构成较大的影响。我国加入WTO后，海外高等教育机构可以进入我国国内，与我国高校直接展开竞争。通过中外合作办学，带来了海外优质高等教育资源，通过国际交流，带来了新的教学理念。

第四节 我国高等教育国际化的对策研究

中国面临国际上日益加剧的竞争的压力。高等教育国际化作为中国工业化与信息化同时并进战略不可缺少的组成部分，任务紧迫，又面临经费短缺的难题。因此，选择适当的战略，更有效地利用有限资源促进高等教育国际化进程至关重要。现笔者根据从事高等教育国际交流的体会和对中国高校国际合作情况的有限了解，提出以下建议。

一、确立面向世界的培养目标

培养目标是教育活动的出发点和归宿，它规定了人才培养的质量与规格，是安排教育内容、选择教育方法的重要依据。因此，要推进高等教育的国际化，在培养目标的制订上必须树立新型的人才观。

美国早在20世纪70年代后期就明确要求学生养成"全球意识"。日本则是在1965年中央教育审议会发表的《所期望的人》这一咨询报告中首次提出"要培养具有国际视野的日本人"；1987年临时教育会第四次咨询报告中又再次要求培养"面向世界的日本人"；1990年4月吉备大学的创立则是培养"国际型"人才和"活跃于国际社会的日本人"的直接举措。美、日两国对培养目标的及时调整无疑为其高等教育国际化创造了条件，提供了保证，其意义极其深远。

在我国当前改革开放的历史条件下，我们也应逐步摒弃某些片面性的传统，以及因循守旧的"封闭式""本土型"人才的教育观和人生观，站在"面向世界"的高度，对我们培养的人才在了解世界、具有国际意识并适应国际交往需要等方面提出更高的能力和知识要求，以开放性、创造性、自主性的人才标准，培养"开放型""国际型"人才。

二、树立国际化教育观念

世界一流大学的发展历史说明,离开科技文化的国际交流,就没有科技文化的发展,就没有高等教育的生机与活力,也就没有一流的人才和师资,更不能有国家实力的增强和突破。教育国际化就是教育的现代化,就是教育的未来。因为,只有站在世界教育发展的高度,才能把握教育的本质和方向,才能真正实现教育水平的现代化,才能明确教育未来的发展方向,也才能真正有效地办好教育、发展教育。经济全球化带来的教育国际化发展趋势,使整个世界变得越来越小,接受先进的国外教育已成为越来越多的人追求的目标和思想观念。学校在国际化发展战略中,应注重观念更新和制度借鉴,把学校、学科和个人的发展放到国际参照系中进行比较和检验,学习国外先进制度,为教师交流和人才培养创造良好的氛围,不断提高学校的科研能力和综合实力。要使教育观念国际化,首先应认识到教育国际化的意义所在。

(1)教育国际化是我国国际关系中日益重要的一部分,它有助于对世界各国文化的认识和理解,促进友好关系的发展。

(2)教育国际化有利于促进我国国内教育和职业培训体制的改革,使之在形式上和内容上适应国际教育发展的新需求。

(3)教育国际化可以使我国获得所需的科学技术以应对全球性的现代高科技的挑战,提高国家的国际竞争力。

(4)教育国际化有利于使教育成为赚取外汇的一个途径。

(5)海外学生亲友到我国探访将促进世界各国对我国国情的了解和我国旅游业的发展。

(6)教育国际化使我国的学生和教师有丰富的国际经历,拓宽视野,有利于高素质人才的培养。

(7)教育国际化有利于吸收海外的优秀学生和学者,以提高我国学校的知名度。

(8)通过教育国际化和职业培训,有利于促进我国研究方面的使用、技术转让和经贸关系的发展。

(9)教育国际化有利于提高我国在国际科学技术领域的地位和作用。

(10)我国在教育和职业培训方面的国际援助有利于增进受援国对我国的了解,有利于我国长远的政治、经济及战略上的利益。

(11)留学生大部分来自亚洲,大大提高了我国同迅速发展中的亚太国家在经济、政治、文化方面的合作进程。

（12）在我国留学的海外学生日后成为亚太地区国家领导人物时，将为我国社会、政治和文化带来极大益处，增进国家间的相互了解和联系。

三、构建国际化的教学环境

（一）课程设置的国际化

高等教育国际化带来了课程国际化问题，一方面要求增设具有国际意义的专业课程，另一方面要求一般课程具有国际性的意义，这是至关重要的。国际化的课程是一种为国内外学生设计的课程，在内容上趋向国际化，旨在培养学生能在国际化和多元文化的社会环境下生存的能力。从实用的角度来说，课程的国际化有两个长处：一是给那些没有去国外留学的学生提供接受国际化教育的机会；二是能够提高课程对外国留学生的吸引力，他们的参与对本国学生和教学过程都有益处。课程的国际化不仅是要开设许多关于其他国家和国际问题的课程，而且所有课程都应该体现国际观点。美国的伯恩教授曾经指出，各学科如果只体现本国经验，而排斥其他国家的经验，就是欺骗学生和反映一种愚蠢的沙文主义。课程的国际化基本上有以下几种方式。

（1）开设专门的国际教育课程。正如伯恩教授所说的，国际教育要求在国际的框架内讲授一个学科，以使学生意识到所有国家的相互联系以及诸如贫穷和种族歧视等问题的普遍性。

（2）开设注重国际主题的新课程。如有些大学创设国际关系、国际经济、国际贸易等新学科，或是增设信息科学、比较文化学等有国际化内容的课程。

（3）在已有课程中增加一些国际方面的内容。如在选择教材时或采用国外教材，或在自编教材中大量吸收国外同类教材中的内容，或指定相当数量的国外教材和有关论著作为教学参考书目。在内容上紧密关注国际上本学科的最新动向，及时让学生了解最新研究成果。

（4）推进国际上普遍关注的重大课题的研究，如环境科学、航天科学、能源科学、宇宙科学、生命科学等。

（5）注重地区研究，地区研究不仅对于加强和促进学术发展必不可少，而且对于国家利益也至关重要。

（6）建立校际联系，把到国外参观学习与课程联系起来，这种方式为学生提供了较好的国际交流实践的机会，有利于开阔学生的视野，增长学生的国际知识。如澳大利亚实现课程国际化的主要方式有：增加课程中的国际性内容；创办联合学位课程，包括专业课程和国际研究课程；开设涉及多国的交叉学科项目；引进语言学习和地区研究；采用比较和跨文化的研究方法；规定部分国外学习课程或外国学习经历；安排在海外实习或教学旅游；聘请外国访问学者授课。其目的是使课程教学具有国际竞争力，使教学内容和教学质量进一步提高。

（二）师资队伍的国际化

高等教育国际化进程中，教师在课程和学术的国际化、学生的国际交流中起到了非常重要的作用。目前，省属高校教师队伍中有留学背景的教师还不多，应创造机会、加大投入选派教师出国学习、进修和访问，拓宽教师的国际视野，使其掌握先进的科学研究方法，改善自身的知识结构体系，积累丰富的教学、科研经验。省属高校高质量的外籍教师数量严重不足，而负责专业教学的外籍教师更少。在课程教学中大量引进外籍教师，对培养学生的国际化视野和思维能力，丰富课程内容是很有益的。在国际化背景下，除了进一步鼓励教师出国进修、访问外，省属高校需要一支高素质、高效率的管理队伍，促使高校能够借鉴和吸收国外高校在管理模式上的有益经验，明确办学方向，改革办学体制，设计办学方案，提高办学效益，尽快使省属高校融入国际高等教育的大环境中。

采取的形式包括交换本科生和研究生、教学科研人员相互交流、制定课程统一标准、部分采用英语进行教学、互相承认学分。国家或高校设立各种基金、奖学金支持本科生到国外学习课程及做毕业设计（论文）；支持研究生到国外从事短期研究或者出席国际学术会议；对教师实行学术休假制度，教师每隔四年可以申请半年学术假，到其他国家或地区进修或访问。面临WTO挑战的中国高等教育，只有更多地融入国际化环境中，才能借鉴和学习先进的办学模式和管理方法，才能站在学科前沿与世界对话，才能培养出具有国际理解力和竞争力的人才。此外，高校应开发"国际学期"课程计划，开设更多的英语教学课程，发掘优势，保证质量，积极推进高等教育的国际化进程。同时，高校的国际化还应在师资吸纳上有所体现，应更多地聘用学术方面的探索者和吸纳来自商界、新闻界、政府部门等领域的人才。

（三）学生来源的国际化

来华留学生工作已经被看作我国外交工作全局的重要一环，与国家的政治、外交、教育、经济、文化、贸易等各个领域的工作紧密相连，它所显现的社会效益与日俱增，既带动了国际教育服务事业迅速发展，又为国家外交、经济建设和社会发展做出了巨大贡献。发展来华留学生教育，一方面可以服务于本国的外交政策，促进各国间的经济文化交流；另一方面又可以出口创汇，增加国民收入。我国既要鼓励本国的大学生和高级知识分子到国外学习，学习他国先进的文化和自然科学知识。同时，还应打开国门欢迎世界各地的学生、学者、研究人员等来我国学习和交流。

为大力吸引外国留学生，我国应采取各种方式扩大学校的国际知名度，如由专门的国际事务办公室协助招收外国留学生，学校委托有关机构到海外开展留学生教育咨询服务，或直接派人到国外特别是东南亚国家举办教育展。其中应以泰国、马来西亚、越南等国家为主要宣传对象。

留学生教育对于接收国的利益是显而易见的，它可以通过接收留学生来扩大不同学生之间的社会文化、习俗的交流，丰富学生的阅历。美国是留学生进入的大国，澳大利亚也把留学生教育看作"出口工业"。因此，从一定意义上讲，发展并扩大留学生教育，是一个关系到我国经济、政治、文化长远发展的大事业。

我国是发展中国家，留学生教育起步较晚，不论是出国的留学生，还是来中国学习的留学生，与发达国家相比，还是有很大差距的。近几年来，随着中国国力的增强，来华学习的留学生有所增多，我们应当继续做好留学生的引进工作。

同时，为了提高我国经济、文化的国际竞争力，应当扩大出国留学生的人数，以此来提升我们国家整体人才的结构和素质。

（四）科学研究的国际化

科学研究的国际化主要包括国际关系的研究和地区研究两个方面。国际关系研究注重政府之间、组织之间，包括官方的、民间的及个人的相互影响和相互关系的研究；地区研究常常是跨学科的，涉及的领域包括政治、科学、历史、文学、社会学和有关的外语等。开展国际交流与研究的方式有多种，如尽可能大量地互派留学生，由政府、民间资助的交流计划，高校与非高校的研究所、跨国公司及各国企业之间的交流合作，高校系统之间的交流计划，教师、学者之间的互聘、交流与合作，围绕专门项目进行的有关国家学者之间的交流等。

（五）管理组织的国际化

除了观念的更新与内容的调整外，建立相应的组织机构是高等教育国际化得以实践的重要客观条件。从国际上看，美国的国际教育协会、澳大利亚的高校国际发展计划组织和国际教育基金会、加拿大的国际教育署以及高校和学院协会等，都是从事这方面工作的组织机构。不少高校和学院还设有专职官员负责高校的国际化活动。我们也应建立健全相关的部门和组织，并对高等教育国际化活动进行组织协调和专门研究，使国际化教育目标及有关措施、专业和课程内容的国际化、师生互换与交流、学分互换与学位等值、校际合作与共同研究等一系列活动具体化、标准化、系统化。

国际化的高校运行机制复杂，必须具有国际管理模式、制度和手段。实现高校国际化的模式有三种：在异国设立高校分校或远程教育；高校之间分别合办交流中心；实行多边联合，创办高等教育中心的"跨国公司"。

四、加强国际化合作办学

跨国办学是高等教育的国际合作的重要形式，主要有两种类型，一是在国外设置高等教育机构，我国应向东南亚国家输出教育资源，提供远距离高等教育或语言培训教育。二是利用现代信息技术实施远程教育，通过网络将其教育资源互通到其他国家。在高等教育国际化进程中，我国高校应注重与国外同行建立正式联系和签订校际协议，如师生交换、联合办学、学术合作、共同研究等。我国对外合作办学主要采取办学机构和办学项目两种形式。"中外合作办学机构"是指与外国教育机构依法在中国境内合作举办，以中国公民为主要招生对象的教育机构。"中外合作办学项目"是指与外国教育机构以不设立教育机构的方式，在学科、专业、课程等方面合作开展，以中国公民为主要招生对象的教育教学活动。

通过跨国际的、跨民族的、跨文化的高等教育交流与合作，培养具有世界眼光和竞争能力的人才，是我国21世纪取得经济与政治成功的关键，更是面对挑战时我国能够在经济上稳定增长、在政治上实现和贯彻执行和平外交政策的关键所在。通过中外合作办学，我国引进了国外优质教育资源，在一定程度上缓解了我国高等教育总体供给能力不足的矛盾，并在办学进程中借鉴了国外的教育模式、教学管理经验、教材及教学方法，推动了高校的国际交流与合作，为国家的经济建设培养了一批高层次、高水平的国际型优秀人才，取得了令人瞩目的经济效益和社会效益。

比较各种国际教育交流形式，合作办学仍然不失为一种能较快促进学校、地区甚至一个国家高等教育国际化的形式。它的好处是能较快地了解、吸取并实践国际上通行的办学高等教育国际化背景、趋势与战略选择模式、专业课程设置、师资培训、质量保证措施等方面的经验和教训，既有利于学生开阔视野，又因学生仍然生活在本国的大环境中，有利于学生建立比较平衡的中外文化观；学生学历文凭得到国际上的承认，既可培养出在国内外都具有一定竞争力的人才，又可以减少人才流失；成本低于派遣学生出国，国家和个人可以节省大量外汇。当然，合作办学不会也不可能一办就灵，其成功或失败取决于多种因素,如国家适当的鼓励政策;慎选合作对象与专业;本国合作者的学术水平、国际经验及正确理解和处理合作办学过程中可能出现的中外文化差异等敏感问题的能力等。合作办学还应当包括鼓励有条件的高校走出国门与外国同行合作办学,这同样有利于推动中国高等教育国际化的进程。

五、加大政府支持力度

高校要全方位发展,必须得到政府和社会各界的资金和经验的支持,只有这样才能更好地满足多元化的需求,培养适合社会发展的人才。只有获得政府经费及使用经费的自主权以后,高校才能够顺利实施以较高水平的薪金和住房等福利条件吸引高质量的教授等的管理政策。我国高等教育要拓展国际化程度自然离不开政府的支持,政府应加强改善高校所在地的基础设施建设,改善育人环境,并对高校的高等教育国际化提供更多的经费支持,减少行政干预,进一步推动我国高等教育国际化的进程。

制定吸引国外优秀人才回国服务的政策及措施。在国外留学学成人员,是一批宝贵的人才资源财富,也是教育国际化所需要的重要的师资人才队伍。做好国外留学人员归国工作,是一项意义重大的工作,为此,国务院出台了《关于在外留学人员有关问题的通知》,并根据《中国教育改革和发展纲要》的精神,成立了国家留学基金管理委员会,将国家公派出国留学工作纳入了法制化管理的轨道。针对留学归国人员具体要做好以下工作。

(1)为留学归国人员创造必要的工作环境和生活条件,使他们得以继续从事国外正在进行的科研工作。

(2)资助留学人员回国参加高水平的学术会议,参加国家科技和教育重大技术项目的合作研究,参与国家级科研基地和人才基地建设。

(3)建立吸引留学归国人员的服务机构和工作网络。为留学人员归国提供信息、咨询、联系工作、安置服务等,还可以提供合作科研、投资办厂、短期讲学、成果转让、产品开发、资金引入、国际贸易等方面的中介服务。

六、加快国际学历互认的进程

经济全球化要求人才全球化,要实现人才全球化,高等教育国际化是必然之路。学历是一个人所受教育程度的有效证明,学历的认可与否,以及受认可范围程度的大小,表明了学历的使用价值。据中国教育部网站数据显示,2008年,我国与丹麦、西班牙、泰国以及加拿大三省新签订相互承认学历学位协议。已完成与新西兰自由贸易区(FTA)教育领域谈判,与澳大利亚、智利等国家 FTA 教育谈判取得积极进展。中国教育部与加拿大 6 个教育资源最丰富的省级政府分别签署了《关于互相承认学历、学位和文凭的合作协议》，与墨西哥教育部签署了关于签署《中墨学历学位互认协议》工作的谅解备忘录，实现了我国与北美、南美地区学历学位互认"零"的突破；通过巴西和阿根廷驻华使馆向巴、阿两国教育部提出学历学位互认工作建议并提供协议草案；与爱尔兰、瑞典和哈萨克斯坦签署相互承认高等教育学位学历证书协议。在发达国家，除了政府努力促进本国高等教育学历被其他国家认可外，高校自身也非常重视参与国际性教育组织，以使本校的学历文凭最大范围地被认可。到目前为止，我国高校与世界其他国家的教育机构交往不太多，我国高校学历也没有在海外得到广泛认可。因此，我们应继续推进与外国及地区学历学位互认工作。一是政府层面上的工作；二是高校自身层面上的工作，积极加入国际性教育组织，如"太平洋地区大学校长协会""21 世纪大学协会"等国际性教育组织。

参考文献

[1] 靳希斌.中国教育经济学：理论与实践[M].成都：四川教育出版社，2008.

[2] 李枭鹰.高等教育选择论[M].北京：中国社会科学出版社，2011.

[3] 钟海清，王喜娟.马来西亚高等教育政策法规[M].桂林：广西师范大学出版社，2012.

[4] 阿特马赫.国际高等教育的前沿议题[M].陈沛，译.上海：上海交通大学出版社，2014.

[5] 陈爱梅.马来西亚私立高等教育：全球化、私营化、教育转型及市场化[M].桂林：广西师范大学出版社，2012.

[6] 任友群."双一流"战略下高等教育国际化的未来发展[J].中国高等教育，2016（5）：15-17.

[7] 李盛兵，刘冬莲.高等教育国际化动因理论的演变与新构想[J].高等教育研究，2013（12）：29-34.

[8] 曾满超，王美欣，蔺乐.美国、英国、澳大利亚的高等教育国际化[J].北京高等教育评论，2009（2）：75-102.

[9] 申超.高等教育国际化概念辨析[J].全球教育展望，2014（6）：45-53.

[10] 曾晓洁，沈雪松.全球化与高等教育的国际化——国际大学协会的立场、价值关怀与政策倡导[J].比较教育研究，2013（10）：1-6.

[11] 周菲.我国高等教育国际化政策的嬗变及特征——基于国家教育政策文本的分析[J].黑龙江高教研究，2014（4）：19-22.

[12] 朱敏.对推进我国研究型大学国际化的思考与实践[J].高等工程教育研究，2014（1）：86-91.

[13] 钱逸昀.高等教育国际化视野下的中外合作办学研究——以浙江省为例[J].高等农业教育，2013（3）：30-33.

[14] 阚阅.联合国教科文组织对高等教育国际化的全球治理：质量保证和文凭互认的视角[J].比较教育研究，2012（7）：71-76.

[15] 周国平,刘妍彤,张沁.区域高等教育国际化测评体系的构建研究[J].宁波大学学报（教育科学版），2016（2）：42-47.

[16] 吴枚.大学国际化水平评价体系的比较研究[J].高教探索，2011（5）：52-57.

[17] 王若梅.解析高等教育课程国际化[J].江苏高教，2011（2）：74-77.

[18] 杨扬.我国高等教育师资国际化的问题与对策[J].全球教育展望，2013（5）：108-114.

[19] 王洪才，戴娜，刘红光.全球化背景下的国际学生流动与中国政策选择[J].厦门大学学报（哲学社会科学版），2014（2）：149-156.

[20] 眭依凡，汤谦凡.我国高校社会服务30年发展实践研究[J].中国高等教育，2008（11）：18-22.

[21] 赵萱.全球视野中的高等教育国际化评价研究——基于文献的分析[J].现代教育管理，2013（9）：116-120.

[22] 吴文英，董晓梅.大学国际化的研究综述及简评[J].北京联合大学学报，2013（2）：9-13.

[23] 孙珂.中外合作大学的办学体制模式研究——基于对5所中外合作大学的实地考察[J].重庆高教研究，2014（1）：89-94.

[24] 李秀珍，马万华.韩国高等教育国际化指标体系评述[J].外国教育研究，2013（2）：98-105.

[25] 丁玲.从联邦政府的行动透视21世纪美国高等教育国际化[J].高等教育研究，2011（4）：97-102.

[26] 赵显通.美国高等教育国际化新动向：全面国际化[J].教育科学，2015（2）：86-91.

[27] 李岩松.高等教育国际化的几点思考[J].世界教育信息，2013（2）：11-14.

[28] 邵光华，袁舒雯.MOOC对高等教育国际化发展的影响与启示[J].宁波大学学报（教育科学版），2015（6）：49-53.

[29] 徐小洲，李娜.印度创业发展学院开展创业教育的经验与启示[J].高等工程教育研究，2014（5）：147-152.